职业院校管理与师资建设培训教材
职业教育素质提升系列读本

中职生主题班会40课

主　编　苏宏伟　蓝　冰
副主编　李振国　隋　强
参　编　董成龙　赵福魁　沈秀兰
　　　　李海峰　刘晓杰　李春雷
　　　　李海涛

机械工业出版社

“中等职业学校主题班会设计与实践研究”是中国职业技术教育学会德育工作委员会2013—2014年年度立项课题，经过课题组全体同志的共同努力，形成了主要研究成果《中职生主题班会40课》。

本书根据学生身心发展规律和职业生涯规划成长规律，按照每学期10个教育主题进行了精心设计，内容覆盖新生入校的规范、在校的自主管理、顶岗实习离校前职业引导等主要阶段，涉及学生学习、生活、活动、职业、理想等40个主题，切合学生实际，贴近学生生活。

本书突出学生为主体、形式多样化的设计理念。为增加班会的多样性，采取案例解读、讲故事、小品表演、演讲、诗歌朗诵、歌曲表演、小组讨论、游戏体验、情景模拟、行为训练、影视资料播放、课件展示等多种形式；为增加主题班会的可读性，本书精心选配了一定数量的插图，努力做到图文并茂、生动有趣；为增加主题班会的时效性，书中所有的案例都来自中职学校一线的实践，既有学生的学习成长，又有学生的喜怒哀乐，使本书更贴近学生生活，联系学生实际，真正做到了“接地气”。

本书主要面向广大中等职业学校，既可以作为中职学校班主任和学生召开主题班会的教材，也可以作为德育教师、德育研究工作者、学生管理工作者的重要参考资料。

图书在版编目（CIP）数据

中职生主题班会40课/苏宏伟，蓝冰主编. —北京：机械工业出版社，2014.8（2024.1重印）
职业院校管理与师资建设培训教材　职业教育素质提升系列读本
ISBN 978-7-111-47769-3

Ⅰ. ①中…　Ⅱ. ①苏…　②蓝…　Ⅲ. ①班会—中等专业学校—教材　Ⅳ. ①G718.3

中国版本图书馆CIP数据核字（2014）第195768号

机械工业出版社（北京市百万庄大街22号　邮政编码100037）
策划编辑：李　兴　　　责任编辑：李　兴　孟晓琳
责任校对：李　丹　　　封面设计：路恩中
责任印刷：单爱军
北京虎彩文化传播有限公司印刷
2024年1月第1版第10次印刷
184mm×260mm・11.75印张・285千字
标准书号：ISBN 978-7-111-47769-3
定价：38.00元

电话服务　　　　　　　　　网络服务
客服电话：010-88361066　　机　工　官　网：www.cmpbook.com
　　　　　010-88379833　　机　工　官　博：weibo.com/cmp1952
　　　　　010-68326294　　金　书　网：www.golden-book.com

机工教育服务网：www.cmpedu.com

前 言

对于广大中等职业学校来讲，主题班会是班主任对学生进行思想、道德、人格、心理等方面教育的主要途径。然而，目前的主题班会在实施过程中存在以下几个突出的问题：首先是主题班会题目不明确。传统的班会没有明确的主题，不能从社会大背景和学生实际出发，体现不出以人为本的教育理念，达不到班会的预定效果。其次是主题班会的教育形式过于单一。传统的班会大多是日常班会，往往以班主任讲授、讲解为主，学生参与程度不高，也就不能激发起学生的兴趣和参与热情，效果往往不明显。再次，主题班会需要进行系统性的研发和设计。从某种意义上讲，主题班会也是一门课程，但中职学校的班主任绝大多数是任课教师，承担着繁重的教育、教学、科研和班级管理工作，没有过多的时间和精力去搜集资料，独立完成涉及多个领域的主题班会设计，他们迫切需要来自教学一线的主题班会设计的实践案例，从而能有效帮助其设计主题班会。带着对这些问题的思考，本书从以下几个方面给予了解决。

首先，对主题班会的题目进行了系统化设计。根据学生身心发展规律和职业生涯规划成长规律，引入课程开发的流程，对中职四个学期的主题班会教育主题进行了精心的论证，按照每两周一次主题班会，每个学期10个主题，在校期间40个主题的安排进行了合理设计，内容涵盖了学生入学的规范、在校的自主管理、顶岗实习前职业引导等，涉及了学生学习、生活、德育、心理、安全、法制、感恩、劳动、爱情、青春、理想、环保、职业等多个主题，切合学生实际，贴近学生生活。

其次，对主题班会的形式进行了多样化处理。有讲故事、小品表演、演讲、诗歌朗诵、歌曲表演、小组讨论、游戏体验、情景模拟、行为训练、影视资料播放、课件展示等多种教育方法和手段。这些丰富的教学形式，让学生们对每一节课充满了兴趣和乐趣，也大大提高了主题班会的实际效果。

再次，重新定位了主题班会中的师生关系。中职生已经具备了一定的组织、信息收集和处理、展示才艺、运用媒体技术等能力。主题班会是师生共同参与的活动，班主任老师更像是班级教育活动的“导演”，而学生们才是主题班会的参与主体，这种师生关系的重新定位，意味着学生成为主题班会课的主角，老师则仅提供指导和帮助。学生通过在课下对每一个环节的精心排练，对每一样道具的精心准备，可以在主题班会课上积极踊跃地表现，使主题班会真正变成学生自我教育、自我展示的平台。我们在书中提供了大量的文字、视频、案例、故事等材料，就是为了便于学生参考使用，并结合自己专业、班级的特点进行二次开发，从这个意义上讲，这是一场深刻的微观层面的课程革命。

针对以上实际情况，我们通过大范围的调研，运用全新的课程设计理念和方法，精心编写了本书。如果本书能够为班主任提高职业能力、提升职业素质、减轻工作压力提供有效的帮助，能够通过主题班会的实施，打动年轻学子的内心，使他们在心灵上有所感悟，能为培养积极健康的人格和乐观向上的精神提供一些帮助，那我们就达到了抛砖引玉的编写初衷。

为增加主题班会的可读性，本书精心选配了一定数量的插图，努力做到图文并茂、生动有趣；为增加主题班会的时效性，书中所有的案例都来自中职学校一线的实践，既有学生的学习成长，又有学生的喜怒哀乐，使本书更贴近了学生生活，联系了学生实际，真正做到了“接地气”。本书既可以作为中职学校班主任和广大学生召开主题班会的教材，也可以作为德育教师、德育研究工作者和学生管理工作者的参考资料。

本教材由苏宏伟、蓝冰任主编，李振国、隋强任副主编。苏宏伟主持研讨并设计了主题班会的题目、教材的结构和内容，并进行了定稿工作；蓝冰承担了本书多个主题班会的设计和全书的修改工作。董成龙、赵福魁、沈秀兰、李海峰、刘晓杰、李春雷、李海涛参与了本书的编写。姜冠杰、潘鹏飞、杨辉、田悦妍、杨苍芝、林丽萍、管学龙、李艳秋、林连宗、史新宇、赵子亮等多名同志也付出辛苦的劳动，在此一并感谢！

“桃李不言，下自成蹊”，从事中等职业教育工作20年来，一直想为身边那些默默付出、默默努力，甚至是默默承受的班主任老师们做点什么，这本书的出版，终于圆了编者多年的梦！由于编者水平有限，书中一定存在不足之处，也请广大中职学校从事学生管理、德育教育的同仁和广大班主任老师给予批评指正。

编　者

2014年6月18日

目 录

第三篇

第四篇

第一篇

第一单元

军训——我的第一课

导言

同学们，从中学跨入中职学校，你们的人生就步入了崭新的发展阶段，你们的思想将跃上一个新的台阶。新的人生阶段应充满斗志，永远追求向前！一个不断追求卓越的人应该具有坚定的政治信念，严格的组织纪律，良好的精神风貌，高度的文明素养。军训就是要把每一位跨入职业学校的学生培养成行为规范、纪律严明、遵章守纪、意志坚强的人。

课时

1 课时

班会目标

1．通过班会使学生深刻体会军训的重要意义，确保军训工作积极有序地开展。
2．让同学们进一步了解军人雷厉风行、令行禁止的优秀品质。
3．提高对军训的认识，养成吃苦耐劳、艰苦奋斗的良好作风。
4．进一步磨炼学生的意志，增强体质，提高国防意识。
5．培养团结向上、永不服输的精神。

班会形式

讨论、发言等形式。

班会背景

对于刚刚步入职业学校大门的一年级新生来说，良好的学习和生活习惯还很欠缺，各方面行为还有待进一步规范，为把学生培养成为人格自尊、行为自律、学习自主、生活自理的高素质技能人才，学校实行以军事化为载体的养成与规范教育，通过军训可以促进学生塑型、凝神、聚气，培养学生良好的习惯，打造其优秀的意志品质。

班会要点

1．观看往届学生军训和军事化比赛视频，引入主题。
2．学生发言：谈论对军训的认识。
3．针对“军训中的你该如何做”这一话题进行自由讨论。
4．观看国庆 60 周年阅兵式，以鼓舞士气，振奋精神。

班会准备

1．主持人主持词。
2．军训发言稿 3 篇。
3．往届学生军训视频和国庆 60 周年阅兵式视频。

班会过程

时　间		地　点	
主 持 人		班　级	

【阶段一】

主持人 1：金秋的九月，我们迎来了职业人生中崭新的生活。
主持人 2：迎着朝阳，踏着晨露，我们迈着铿锵的步伐。

主持人 1：整齐的宿舍，绿色的军营，嘹亮的歌声，这就是我们军训的生活。

主持人 2：军训—— 拉开了我们人生一道亮丽的风景线。

主持人（合）：“军训—— 我的第一课”主题班会现在开始。

主持人 1：首先，让我们一睹师哥师姐们在军训场上的飒爽英姿吧！

（播放往届学生军训和军事化比赛视频）

【阶段二】

主持人 1：看着师哥师姐们刻苦训练、振奋人心的表演，我们不禁激情满怀，豪情万丈。现在，就让我们谈谈对军训的认识吧。

（互动：交流感想）

【阶段三】

主持人 1：听了大家的感言，我们对军训有了更深刻的认识和感悟，一种经历，一点历练，一些升华。而这些，将对我们今后的学习和生活产生潜移默化的影响。

主持人 2：我们在新学校的新生活从此开始了，前方将是一片艳阳，充满希望。接下来让我们畅谈一下军训后我们多彩的生活吧！

（互动：交流感想）

（播放国庆 60 周年阅兵式视频）

【主题拓展与升华】班主任点评

同学们，我们即将进行为期 15 天的军训，我对你们在未来军训中的表现充满信心。相信通过这一阶段的军训，不管是纪律意识还是精神面貌，你们都会发生巨大的改变。“宝剑锋从磨砺出，梅花香自苦寒来。”军训是学习，军训是磨炼，军训是收获，军训更是考验。作为新世纪的中职生，我们应该以军人为榜样，使自己具备爱国之心、报国之志、建国之才，随时准备报效祖国，希望大家以饱满的热情、旺盛的斗志、顽强的毅力、威武的军姿、恢宏的气势来展示职校学生的勃勃生机和奋发向上的精神风貌，为自己的职业生涯和整个人生历程增添激越昂扬的华彩篇章！

为了圆满完成本次军训任务，在此，我也对大家提出以下几点希望：

第一，要充分认识军训的重大意义，自觉参加军训。“国无防不立”，没有强大的国防，就没有国家的繁荣昌盛和人民的安居乐业。学生军训，不仅要训思想、训纪律、训作风、训精神，更要增强学生的国防观念和对团队意识的培养，通过军训这一生动的人生大课，要树理想信念之魂，立民族精神之根，使广大学子明确使命，为民族振兴、国家富强贡献自己的青春和智慧。

第二，要尊重教官，虚心向教官学习。平时同学们与我们的战士接触少，一定要珍惜这段军训生活，虚心学习武警战士的好思想、好作风和光荣的革命传统，学习他们崇高的爱国主义精神、无私的奉献精神和艰苦的奋斗精神，并以此为动力，刻苦学习专业知识，更好地胸怀祖国、服务人民。

第三，要严格要求自己，接受艰苦训练。军训期间，全体参训学生从思想上、行动上都要以一个军人的标准来严格要求自己。要尊敬教官，服从命令，听从指挥，严守纪律，勇敢顽强，坚持到底，坚决完成各项训练科目。“流血流汗不流泪，掉皮掉肉不掉队。”军训虽然不是在前方打仗，但是严格的队列训练可能会让你们感到劳累、枯燥，希望大家能够严格要求自己，勇于接受艰苦训练，在军训中磨炼自己的意志和精神品质。

第四，要严格遵守纪律，一切行动听从指挥。遵守纪律，听从指挥是军人的天职，是战胜困难的首要条件。在军训期间，同学们要像一名真正的军人那样用严格的纪律约束自己，遵纪守法，令行禁止。通过军训增强纪律观念，为今后学习期间的有序生活打下坚实的基础。

最后，预祝本次军训取得圆满成功。

【主题班会结束】

【班会辅助资料】

1．往届学生军训和军事化比赛视频。

2．国庆 60 周年阅兵式视频。

感悟、心得、体会

第二单元

破冰——班级团队建设

导言

为了共同的理想，同学们从四面八方走入职业学校的大门，相互之间还不熟悉。为了使大家尽快习惯集体生活，消除孤独感和陌生感，特召开本次主题班会，旨在加强同学之间的相互了解，建设和谐的班级团队。

课时

1 课时

班会目标

1．通过本次班会，拉近同学之间的距离，加深同学之间的相互了解。

2．提升班级成员的归属感。

3．增强班级的凝聚力，促进和谐班集体的建设。

4．营造和谐的班级氛围。

班会形式

游戏、文艺表演等形式。

班会背景

刚刚步入中等职业学校大门的新生，面对新同学、新老师、新的学习和生活环境，心中不免会有一丝孤独和不安，会更加想家，想念以前的同学和朋友。通过本次班会可以让彼此之间尽快熟悉，建立良好的同学关系，消除新环境下的低沉情绪，尽快融入新的班集体，营造和谐的人际关系。

班会要点

1．活动一：一家人。

2．活动二：生日排队。

3．活动三：寻找有缘人。

4．故事分享：五根手指的故事。

5．合唱歌曲《相亲相爱一家人》。

班会准备

1．主持人主持词。
2．活动方案、故事准备。
3．《相亲相爱一家人》歌曲伴奏带。

班会过程

时　间		地　点	
主 持 人		班　级	

【阶段一】开场语

主持人1：沐着温暖的秋阳，迎着凉爽的秋风
主持人2：带着山庄的灵气，挟着滦水的秀丽
主持人1：携着家人的嘱托，揣着自己的梦想
主持人2：在果实挂满枝头的秋天，我们来了
主持人1：我们激情澎湃，我们英姿勃发
班主任：请让我代表××班向你们表示最热烈的欢迎……

【阶段二】游戏体验

主持人1：为了加强同学们之间的相互了解，我们来做几个小游戏吧！
活动一：一家人
目的：感受及体验团队的重要性，引导个体积极融入团队。
方式：分组活动。
方法：

1．全体同学站立，手拉手围成一圈，体验在一起的感觉。

2．主持人说出一个数字，比如说“变4人小组”，同学马上按要求围成4人的圈，形成新“家”，之后主持人再变化数字。

3．主持人请没有找到“家”的同学谈谈感受，也可以请找到“家”的同学分享感受。

活动二：生日排队
目的：练习无声的沟通方式，发现班级同学的生日特点。
方式：分组活动。
方法：全班同学围成一圈，不能出声，只能通过其他方式，如手势等，按照生日时间前后在圈内重新排序站好，找到属于自己的位置，并发现与自己生日相同或接近的同伴。

活动三：寻找有缘人
目的：通过游戏让同学们体验主动交往的乐趣，在交流中发现共同爱好，寻找志同道合的朋友。

道具：若干张各种颜色的小方形纸，每张分别剪成四小块。

方法：全班同学围成圈，每人分别到圈中央抽一张自己喜欢的小纸片，并根据自己纸片的颜色和形状，到同学中寻找与自己的纸片契合的有缘人。找到几位有缘人后，围坐在一起，相互介绍自己，通过交流找出彼此间三个以上的共同点。最后，全班分享交流。

【阶段三】故事分享

主持人 2：好玩的游戏过后，请同学们听听五根手指的故事吧，希望能对同学们有所启发。

有一天，小主人彼得在呼呼大睡，彼得的五根手指显得很无聊，它们便讨论起谁最棒这个话题。

大拇指神气地说："当然是我最棒，别人夸奖时，都会把我伸出来。"

食指不服气地说："我是最棒的，别人表现不好时，我都会把它指出来。"

中指说："我才是最棒的，瞧你们一个个矮矮的，哪有我的身材好？我可是你们中间最高的，当然我是最棒的喽。"

无名指不甘示弱地说："我才是最棒的，人家结婚时戒指不都要戴在我的身上吗？我可是代表着幸福呢。瞧，我才是最棒的。"

小拇指挺直了腰，理直气壮地说："我才是最棒的，我可是代表了诚实守信，大家拉钩时可要用到我呢。"

五根手指各说各的理，谁也不服气，简直吵得一塌糊涂。

五根手指吵得越来越厉害，结果把他们的小主人彼得给吵醒了，它们争着向彼得说自己是最棒的，吵得彼得的头都快要炸了。

最后彼得让它们都安静下来，说："你们都说自己是最棒的，可是到底谁最棒呢？不如我来当裁判，你们就比一比吧。"

五根手指同意了彼得的提议，于是彼得指着一碗豆子说："你们就各自去拿豆子吧，看谁的速度最快，拿得最多，谁就是最棒的。"于是五根手指分别去拿豆子，结果无论如何努力，谁都拿不起一粒豆子。

这时他们不再争吵了，变得一筹莫展。

彼得笑着说："你们五个一起来试试看吧？"五根手指握起来，很轻松地就把豆子拿了起来。它们这才明白，五根手指谁也离不开谁。

启发

1. 五根手指虽然有差异，但是各有功能，少了任何一根都会觉得不方便。在班上每一位同学的特点也不一样，但少了任何一个都会让班级不完整，也让我们的力气少了一分。

2. 无论哪一根手指如何强调自己的重要性，但是都不能独立完成一件事情，只有团结起来，才能变得更强大、更有用。五根手指要互相帮忙才能发挥出最大功用，班级的每一位同学若能互相帮助，也一定能让班级越来越优秀。

【阶段四】合唱歌曲《相亲相爱一家人》

【主题拓展与升华】班主任点评

首先十分感谢为此次班会做出精心准备的同学们，正是你们的辛苦付出才成就了今天精彩的主题班会。对于这节班会课，我最大的体会就是：活跃、充实、团结。在各个环节中，同学们积极参与，认真体会，深刻领悟到了团结的真谛，和谐的美好。同学们，我们在这里一起学习，共同成长，我们都是集体中的一员。希望同学们能像歌曲中唱的那样，我们都是一家人，相亲相爱的一家人；希望同学们能相互帮助，相互支持，团结起来，共同遵守班级纪律，共同进步，把我班建设成为全系、全校最优秀的班级。

【主题班会结束】

【班会辅助资料】

1．故事资料。

2．《相亲相爱一家人》歌词。

我喜欢一回家就有暖洋洋的灯光在等待，
我喜欢一起床就看到大家微笑的脸庞，
我喜欢一出门就为了家人和自己的理想打拼，
我喜欢一家人心朝着同一个方向眺望。哦！
我喜欢快乐时马上就想要和你一起分享，
我喜欢受伤时就想起你们温暖的怀抱，
我喜欢生气时就想到你们永远包容多么伟大，
我喜欢旅行时为你把美好记忆带回家。
因为我们是一家人，
相亲相爱的一家人，
有缘才能相聚，
有心才会珍惜，
何必让满天乌云遮住眼睛。
因为我们是一家人，
相亲相爱的一家人，
有福就该同享，有难必然同当，
用相知相守换地久天长。
我喜欢一回家就把乱糟糟的心情都忘掉，
我喜欢一起床就带给大家微笑的脸庞，
我喜欢一出门就为了个人和世界的美好打拼，
我喜欢一家人梦朝着同一个方向创造。哦！
当别人快乐时好像是自己获得幸福一样，
当别人受伤时我愿意敞开最真的怀抱，
当别人生气时告诉他就算观念不同不必激动，
当别人需要时我一定卷起袖子帮助他。
因为我们是一家人，
相亲相爱的一家人，

有缘才能相聚，有心才会珍惜，
何必让满天乌云遮住眼睛。
因为我们是一家人，
相亲相爱的一家人，
有福就该同享，有难必然同当，
用相知相守换地久天长。
处处为你忧心，一直最忧我情，
请你相信这份感情值得感激，哦！
因为我们是一家人，
相亲相爱的一家人，
有缘才能相聚，有心才会珍惜，
何必让满天乌云遮住眼睛。
因为我们是一家人，
相亲相爱的一家人，
有福就该同享，有难必然同当，
用相知相守换地久天长。

感悟、心得、体会

第三单元

走进职校，迈向成功

导言

随着社会的发展进步，职业教育逐渐被人们所接受，到职业学校学习技能、成就自我已经成为青年学子的时尚选择。让中等职业学校的学生认识到自己选择的道路是正确的，这会让他们变得自信、坚强，并勇于接受挑战。让更多的学子认识到走进了职校，就是迈向了成功，选择了职校，同样能成就精彩的人生。

课时

1课时

班会目标

1．引导刚刚走进职业学校的新生认识职业学校，了解中等职业教育。
2．让学生从心理上接受职业教育。
3．增强学生对职业学校的全面了解，提升学生对所选专业的认知。
4．培养学生树立职业教育成才的信心。

班会形式

多媒体展示、歌曲表演等形式。

班会背景

学生刚刚进入职业学校，可以说是对职业学校雾里看花，水中望月，急需了解职业学校都有什么特点？能学到什么东西？及时解除学生的疑虑，增强学生在职业学校学习也能成就自己职业人生的信心至关重要。

班会要点

1．介绍中等职业学校的特点，展示学校风采。
2．分享本校优秀学生成功、成才案例。
3．畅谈职业理想，培养学生优秀品质。
4．总结目标，敢于亮剑。
5．歌曲合唱《我的未来不是梦》。

班会准备

1．主持人主持词。
2．学校视频宣传片。
3．优秀毕业生资料收集。
4．歌曲练习。

班会过程

时　间		地　点	
主 持 人		班　级	

【阶段一】中等职业学校简介

中等职业学校是实施中等职业教育的学校，学生毕业属中专学历。招生对象是初中毕业生和具有与初中同等学力的人员，基本学制为三年。其定位是在义务教育的基础上培养大量技能型人才与高素质劳动者。目前我国中等职业学校主要有中等专业学校、技工学校、职业高中和成人中专。2013 年，全国中等职业学校毕业生总数为 607.46 万人，就业学生 588.07 万人，就业率达 96.81%。

环节一：展示本校的视频宣传专题片。

环节二：通过观看专题片，请同学们回答以下问题：

1．学校校训是什么？

学生回答：厚德励能，成才报国。

2．学校精神是什么？

学生回答：艰苦创业，勤奋进取，勇于担当，追求卓越。

3．学校人才培养目标是什么？

学生回答：人格高尚，行为规范，知识全面，技能过硬，特长突出，终身发展。

【阶段二】职校学生成功、成才案例分享

1．就业与创业助自己实现梦想

高攀，承德工业学校2007级电气系机电专业学生，在校期间担任班长，2009年代表学校参加省级技能大赛并获一等奖。2009年7月就业分配到五岳电子技术有限公司，在岗位仪表车间担任调试员。2011年6月当选仪表车间副主任。2012年3月当选仪表车间主任，目前已经成为公司名副其实的技术革新骨干和中层干部。通过自己不断的努力、钻研，2013年，他独立研发出新一代称重仪表采集通道，并通过河北质量技术监督局的资质验证。

2．参加技能大赛为学校争得荣誉

杨金鑫，承德工业学校2009级高级数控专业学生，在校期间，刻苦学习、努力钻研专业相关理论及操作知识，在学校技能节上多次获奖。2010年入选学校数控车集训队，经过系部层层选拔和评比，在2011年4月代表学院参加河北省数控车技能大赛一举夺魁，同年8月代表河北省在全国数控技能比赛中荣获国家级二等奖。

3．对口升学让梦想继续放飞

职业学校20世纪90年代中期，随着国家经济政策的调整，适应社会对人才的需求，同时也为扶持中等职业学校的发展，满足中职学生升学深造的愿望，国家教育部出台了“对口升学”政策。对口升学是国家从高校招生计划中选择部分专业，拿出专门指标，对希望继续深造的职校生进行对口专业的高考。

张燕是职业学校2010级会计专业学生，从小就怀揣着上大学的梦想，因中考发挥欠佳，到职校经济系对口升学班就读，经过三年的努力，她于2013年参加了对口升学考试，被天津工程技术师范大学录取，成为了一名大学生，实现了自己的理想。张燕的案例告诉我们，上职业学校，不仅能靠技能成才，还能通过对口升学的方式，圆自己的大学梦。

【阶段三】学生畅谈职业理想

主持人：以上案例说明，就业、升学都是中职人才培养的重要渠道，下面请同学们畅所欲言，从个人的角度谈谈什么是成才？什么是成功？怎样才能实现自己的理想？

（同学们发言）

班主任：很多同学都认为因为自己学习成绩不好才来到职业学校的，其实，人的才能是多样的，美国哈佛大学的霍华德·加德纳教授创立的多元智能学说在世界教育界引起巨大反响。加德纳认为，人的智能不是单一的，而是多元的。多元智能主要包括七项内容：一是掌握并运用语言、文字的智能；二是逻辑推理、数学运算以及科学分析的智能；三是感觉、欣赏、演奏、唱歌、创作音乐的智能；四是运用全身或身体的某一部分，解决问题或创造作品的智能；五是针对所观察的事物，在脑海中形成一个模型从而加以运用的智能；六是察觉并区分他人的情绪、意向、动机及感觉而做出适当反应的智能；七是自知、自处、深入理解自己内心世界的智能。在加德纳看来，每个人与生俱来都拥有以上各自独立存在的智能，只不过每个人的智能强项和弱项各不相同，或长于计算，或长于运动，或长于艺术，或长于沟通交流，正所谓人无全才，人人有才。通过霍华德·加德纳的多元化智能理论，同学们应该知道，所谓的"差生"其实不是真正的差生，而是我们的评价标准有问题。因此，同学们要培养自己如下的品质：

1．人格自尊；　　2．行为自律；

3．生活自理；　　4．学习自主。

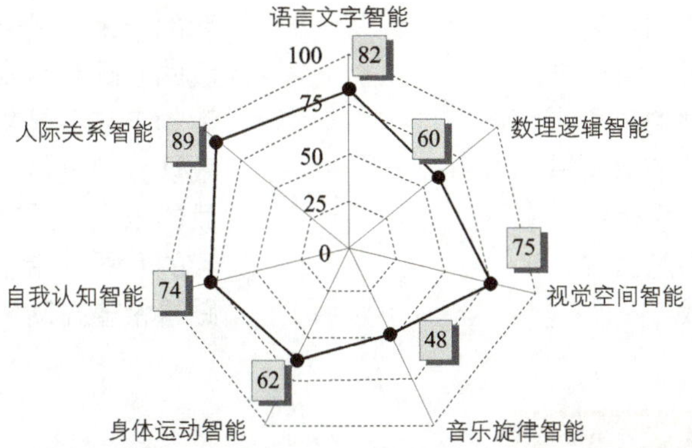

【阶段四】明确目标，敢于亮剑

主持人：作为职校学生，想要拥有一个美好的未来，就要充分认清自己，不应该自暴自弃、怨天尤人。既然我们现在选择了中等职业教育，我们就要为之努力拼搏下去，要有"亮剑"的精神，要勇于展示自己，发扬优点、改正不足。争取为自己的未来打下一个良好的开端。

我们要知道：

1．高远的人生目标才是不竭动力的源泉。

2．"自讨苦吃"的精神会让你体会挫折中的辛酸，锻炼自身意志。

3．拒绝诱惑才能把握自己的生活习惯，拥有朴素的人生。

【阶段五】合唱歌曲《我的未来不是梦》

主持人：激扬青春，放飞梦想。让我们志存高远，顽强拼搏，共同进步，点燃我们的职业梦，创造出华彩的人生！最后让我们一起合唱《我的未来不是梦》。

【主题拓展与升华】班主任点评

年轻的你们，年轻的梦，怀揣着职业的梦想，同学们步入了中等职业学校，选择了适合你们发展的人生道路。有些同学在小学、初中阶段的学习成绩并不理想，但是你们有自己的优点和特点，动手能力强、发散思维能力优等长处，这些正是职业学校所看重的。同样，你们身上也有很多缺点，要正视这些问题，改正从前的陋习，发扬自己的长处，用心去规划，去拼搏，去努力，去奋斗。你们同样会拥有辉煌灿烂的人生！

【主题班会结束】

【班会辅助资料】

1．学院视频宣传片。

2．《我的未来不是梦》歌词。

你是不是像我在太阳下低头
流着汗水默默辛苦地工作
你是不是像我就算受了冷漠
也不放弃自己想要的生活
你是不是像我整天忙着追求
追求一种意想不到的温柔
你是不是像我曾经茫然失措
一次一次徘徊在十字街头
因为我不在乎别人怎么说
我从来没有忘记我
对自己的承诺
对爱的执著
我知道我的未来不是梦
我认真地过每一分钟
我的未来不是梦
我的心跟着希望在动
我的未来不是梦
我认真地过每一分钟
我的未来不是梦
我的心跟着希望在动
跟着希望在动

感悟、心得、体会

第四单元

专业——为理想插上腾飞的翅膀

导言

因为有梦想，生活才会变得更加精彩；因为有知识，人生才会变得更加渊博；因为有技能，理想才会变得近在咫尺。知识提升品质，技能成就人生，用专业的杠杆行动起来，去撬动属于你的地球。以专业为导向，以特长促发展，打造属于你的专业特色，为理想插上腾飞的翅膀吧！

课时

1 课时

班会目标

1. 树立学生的职业理想，培养学生对专业的兴趣，使学生明确专业的重要性及学习目的。
2. 通过活动的实施，培养学生们的学习热情，树立为自我理想而奋斗的人生目标。
3. 锻炼学生的语言表达能力，培养团结协作意识，调动学生的积极性和创造性。

班会形式

游戏、文艺表演、讨论等形式。

班会背景

如今的中职学生，大多数不缺吃，不缺穿，因为生活安逸，使他们缺少了对未来的打算，往往只是得过且过。很少有学生清楚求学的真正目的是什么，对未来的憧憬似懂非懂，在所学专业上犹犹豫豫，不能认清专业对其未来发展的重要性，浪费了在校学习的宝贵时间，当走出校门步入工作岗位时，才知道专业技能的重要性。此时已悔之晚矣。

班会要点

1. 诗歌导入主题。
2. 游戏《大风吹》。
3. 专业构建讨论。
4. 专业歌曲演唱。

班会准备

1．主持人主持词。
2．诗歌朗诵稿。
3．专业知识收集。
4．专业歌曲练习。

班会过程

时　间		地　点	
主 持 人		班　级	

【阶段一】诗朗诵导入主题

主持人 1：理想是灯塔，指引人生前进的方向，照亮人生前进的路程。

主持人 2：没有理想，就没有坚定的方向。

主持人 1：没有坚定的方向，就没有充实的生活。

主持人 2：是知识，为我们插上了远航的风帆。

主持人 1：是技能，为我们的梦想增添了色彩。

主持人 2：专业，改变了我们的生活，使我们热情洋溢、心潮澎湃，奋斗在祖国需要我们的地方。

主持人 1：技能，对我们人生的发展至关重要，因为有了技能，使我们更加坚定自己的理想，并为之不断努力，相信理想一定能实现！

主持人（合）：今天我们班会的主题就是：专业——为理想插上腾飞的翅膀。

【阶段二】我的专业我做主，畅谈焊接专业发展

主持人 2：今天学习的焊接专业塑造了我们的未来，今天的努力和拼搏打造了我们的明日辉煌，那么，面对社会的快速发展，对于焊接专业，你又认识和了解多少呢？下面我们将以游戏的形式，完成我们对焊接专业的理解和对本专业的前瞻性规划。

主持人 1：下面我们先玩一组游戏。游戏名为《大风吹》。

同学们：吹什么？

主持人 1：吹戴眼镜的（主持人可视本班级学生的不同情况而定）。

游戏规则：这时戴眼镜的同学需要马上站起来，然后快速和另外戴眼镜的同学互换座位，不能原地不动，那么主持人就可以趁此机会坐在戴眼镜同学的位置上，这时就会有一名戴眼镜的同学没有座位，那么他就是要发言的对象。（此环节能保证每一个同学都参与其中，又能达到预定的效果）

同学甲：焊接是一种先进的制造技术，它不再是单一的加工工艺，而是一种综合的

工程技术，它涉及材料、结构设计、焊接预处理、焊接工艺装备、焊接材料、下料、成形、焊接生产过程控制及机械化自动化、焊接质量控制、焊后热处理等诸多技术领域。

同学乙：焊接应用广泛，主要用于建筑、输油输气管道、压力容器和锅炉、铁路车辆、不锈钢制品、造船、航空航天等。在推动工业的发展和产品的技术进步以及促进国民经济的发展上都发挥着重要作用。

……

【阶段三】专业，如何构筑理想的翅膀

主持人 1：请同学们分组讨论各抒己见，畅谈自己对焊接专业的规划及对未来的畅想。

同学丙：从自身做起，从点滴做起，做一个细腻的焊接人，在教学实习场地，遵守车间管理制度，用求真求实的态度，去面对我的焊接生涯。

同学丁：焊接专业是社会发展必不可少的技术工种，学院给我们提供了雄厚的师资和机器设备，我们没有理由不去努力学习。社会中的焊接能手比比皆是，在我们身边就有技术能手，如朱殿志同学，他曾代表河北省参加国家级焊接大赛，他是我们的学习榜样，我也要像他一样有一天站在领奖台上，成为焊接能手。

（学生技能节焊接专业作品展）

主持人 1：大家说得都很好，没有规矩不成方圆。让我们一起分享同学们的发言，用专业知识来武装自己，做一个文明、规范的焊接人。

主持人 2：相信通过讨论，同学们对构筑专业、搭建技能的桥梁有了更深入的了解。在认识到专业重要性的同时，同学们也发现了自身存在的问题。希望大家在以后的学习中能够谦虚好学，取长补短，学好技术，共同进步。

【阶段四】唱响专业歌曲

主持人 1：专业是石，敲出星星之火；专业是火，点燃熄灭的灯；专业是灯，照亮夜行的路；专业是路，指引你走向黎明。

主持人 2：可见专业是如此重要。确立了专业目标之后，我们就要朝着理想去奋勇拼搏！每一颗心都有一双翅膀，只要勇往直前，没有到不了的地方。下面请欣赏歌曲《隐形的翅膀》。

（播放歌曲《隐形的翅膀》）

【主题拓展与升华】班主任点评

感谢大家在这次主题班会上的踊跃发言，同学们都表现得很积极，很主动，大家能大胆地畅谈自己对焊接专业的认识，通过对专业的理解，提升自身技术水平和素质要求，将专业融入学习和生活当中，从中发现自己在专业上存在的不足，以树立自己的信心。看到你们自信的表情，听着你们充满豪情的壮语，我相信，你们的理想一定能靠自己的双手来实现。在挥汗如雨的付出中，你们定会拥有一个美好的明天！

【主题班会结束】

【班会辅助资料】

专业歌曲可自选。

感悟、心得、体会

第五单元

尊重规范，让美德成为习惯

导言

社会是否在进步，需要通过公民的文明行为习惯来衡量。文明行为本身并不是空泛的，而是具体的。这些具体的事情，似乎只是微不足道的小事，却展现着一个班、一个学校的学生的整体素质，展现着一个城市市民的整体素质，展现着一个社会的公民的道德水平。要做一名合格的学生，就必须遵守学校的纪律和规范，从身边小事做起。养成良好的行为习惯，让学生成为文明礼貌、助人为乐、爱护公物、保护环境的好学生，让我们的社会更加和谐、更加美丽。俗话说：一滴水可以映衬太阳的光辉。同样，我们的一句话、一个动作乃至一个眼神，或许就能折射出一所职业学校的文明程度，能让人一眼就看透新时代中职学生的本质。

课时

1 课时

班会目标

1．让学生掌握《德育积分考核办法》，明确校规校纪。
2．引导学生自觉遵守守则和规范。
3．培养学生基本的文明常识。

班会形式

竞赛、抢答、讨论等形式。

班会背景

整洁的校园、舒适的环境是学校为学生提供的良好硬件条件，但是也会有许多和干净整洁的校园不和谐的场景：乱扔乱倒、乱写乱画、随意破坏公物、不注重个人形象等。这些做法都是日常生活中的坏习惯，看似简单，实际上暗含了我们学生的文明程度还有待提高。

班会要点

以学生学习行为规范为中心，通过竞赛、抢答、讨论等多种形式，提高学生的文明意识，培养学生的文明品德。

班会准备

1．主持人主持词。
2．知识竞答题收集整理。
3．校园不文明图片或视频搜集。
4．文明校园公约。

班会过程

主持人 1：老师们。
主持人 2：同学们。
合：大家好！
主持人 1：行为是人与人之间交流的桥梁，规范是公民道德的基本要求。
主持人 2：讲规范是现代社会文明的基石和标志，讲文明是做人的基本准则。
主持人 1：文明规范是一块金子，拥有的人，他的人生便会闪闪发光。
主持人 2：文明规范是一种美德，是美妙人生享之不尽的一笔财富。
主持人：×× 班“尊重规范，让美德成为习惯”主题班会正式开始。

【阶段一】知识竞答

主持人 1：亲爱的同学们，你对我校在学生管理方面的规定知道多少呢？欢迎参加“规范知多少”竞答活动。（每位学生均可抢答，答对者给予奖励）

1．爱护公共卫生，除每天派值日生打扫卫生外，周二下午还要做什么？（大扫除……）
2．学生每天要按时上课，不能迟到，还不能做什么？（私自离校、早退、旷课……）
3．未成年学生不能进哪些场所？（营业性舞厅、酒吧、录像厅、游戏厅、网吧……）
4．我校三大纪律是什么？（1．不吸烟喝酒；2．不打架骂人；3．不擅自离校）
5． 在校园内进出或上下楼梯与老师相遇时应该怎样做?（应右行，并主动向老师行礼问好）
6．平时上学我们不应当（　　）。（佩戴首饰……）
7．听到预备铃响起，我们应当（　　）。（立刻进教室，准备好上课用品……）
8．下课铃响后，老师还没离开教室，我们应该（　　）。（等老师说下课后再出去……）
9．下课后，我们不应在教室里（　　）。（大声喧哗、打闹……）

主持人 2：同学们真厉害，对规范的内容了如指掌，真让人佩服，大家一定花了不少时间去学、去记，这种学习精神值得发扬。

【阶段二】寻找身边的不文明

主持人 1：我们身边存在着许多不文明的行为。那么哪些行为是不文明的呢？

1．图片、视频展示。
2．请小组讨论并列举这些不文明的行为，然后小组竞答，并记录积分。

（同学们各抒己见，自由发言）

【阶段三】争做文明学生

主持人1：看来同学都意识到生活中我们身上存在的不良行为，这些行为若不及时改正，将会给我们的生活、学习和将来的就业造成严重的后果。接下来请一些同学谈谈以后应该如何去做。

（同学发言）

主持人2：通过大家的讨论发言，我想同学们都有了一定的启示。要知道以礼仪、礼貌、礼节为重点的“三礼教育”对学生行为习惯的培养具有重要的引领作用，我们要树立起中职生的“十个文明形象”。请看大屏幕：

升降国旗，奏唱国歌时肃立行礼。

与人相处，语言文明，友善宽容，明礼诚信。

公共场合，轻声交谈，举止文雅，着装得体。

孝敬父母，尊敬师长，乐于助人。

乘车购物，不拥不挤，把座位让给有困难的人。

行车走路，遵守交通规则。

保护环境，垃圾废物不乱扔，绿地草坪不践踏。

爱护公用设施，节约公用资源，遵守公共秩序。

在社会交往时表现热情、友好、大方。

情趣健康，远离不利于身心健康的场所。

主持人1：请大家一起朗读我们学校的《校园文明公约》：

不吸烟喝酒、不打架骂人、不擅自离校。（纪律）

不偷盗财物、不损坏公物、不浪费水电。（公物）

不乱扔乱倒、不乱贴乱画、不堵塞便池。（公共卫生）

不存脏衣物、不蓬头垢面、不随地吐痰。（个人卫生）

不翻越护栏、不拥挤加塞、不喧哗打闹。（文明）

不奇装异服、不染烫披发、不衣冠不整。（仪容）

不顶撞老师、不欺辱同学、不挑拨是非。（礼貌）

不私藏刀具、不私接电器、不滥交朋友。（安全）

不赌博迷信、不迷恋网络、不攀比消费。（生活）

不迟到早退、不玩看手机、不趴桌睡觉。（学习）

主持人1：文明就在言行上，文明言行主要是“三管好”：管好你的嘴，不要骂人，不讲脏话，不放野话，不起绰号，不乱吐；管好你的脚，不要乱走、乱踢、乱踏、乱踩；管好你的手，不要乱扔乱丢，不要随便伸手拿别人的东西，不要打人，不要损坏公共财物，不要乱采乱摘。

【阶段四】表彰先进

主持人2：规范的遵守需要大家的参与，我们要从身边做起，从小事做起，从举手投足的细微之处做起。近一个月以来，很多同学在遵守规范方面取得了很大进步，还涌现出很多好人好事，在今天的主题班会上，我们要对在行为规范方面表现突出的同学进行表彰。接下来请老师宣读获奖同学名单和获奖理由，并给这些同学颁发奖状，以资鼓励。

【阶段五】班长发出倡议（全体起立齐诵）

课堂有纪律，认真听讲，做好笔记，不随意插嘴。

课间有秩序，不喧哗打闹。

语言有礼貌，不讲脏话。

穿着得体，不盲目追求时尚。

心中有他人，不自私，多为他人着想。

学习上有目标，不得过且过。

讲究卫生，地上无纸屑，墙上无污痕，桌上无刻画，门窗无破损。

勤俭节约，不浪费水电资源，发扬艰苦奋斗的精神。

【主题拓展与升华】班主任点评

文明的语言就是一首诗，一幅画。文明不是拘束，文明不是纪律，文明是思想，是意识，是自觉的行为，言行有了规范，生活才能和谐，语言美、行为美，才是真正的美；文明是一粒有生命力的种子，只要在心里播下这粒种子，它就会在我们的精神世界里生根、开花、结果，那么我们的生活就会更加美好，我们的校园就会更加和谐。世界钢铁大王卡耐基曾说："种下一种行为，收获一个习惯；种下一种习惯，收获一个性格；种下一种性格，收获一种命运。"每个人都希望自己一生幸福，同学们，快快种下一个好习惯吧！让良好的习惯和我们朝夕相处，让良好的习惯帮我们打开成功的大门。记住我们今天的承诺，让我们从点滴做起，学规范，守规范，争做文明学生！

【主题班会结束】

【班会辅助资料】

1.《××× 学校学生管理制度汇编》。

2.《××× 学校新生军训日志》。

感悟、心得、体会

第六单元

我的班级我的家

导言

家是人生的驿站，家是生活的港湾，家是我们增添信心的加油站，家是我们战胜困难和挫折的力量源泉。有了家，我们甘愿付出爱！让我们从心灵出发，从自己做起，把陪伴我们青春岁月的班集体建设成为和谐、温暖、快乐的家！

课时

1 课时

班会目标

1．增进师生、同学之间的感情，增强同学们的集体荣誉感。
2．指导同学学会相处，相互关心爱护，懂得包容，珍惜友谊。
3．规范同学们的文明习惯，并把责任意识落实到每个人今后的具体行动中。
4．引导大家热爱并呵护“我的班级我的家”，处处为班级增光添彩。

班会形式

文艺表演、多媒体展示、交流等形式。

班会背景

自 8 月入学以来，我们的班集体通过大家的努力，形成了团结向上的氛围，同学们之间有了真挚的友谊和感情，但仍存在部分同学生活习惯懒散、自我管理能力差的现象，跟不上规范化管理的节奏，集体荣誉感淡薄，给班级工作带来了压力，给班主任工作带来了难度。为此，有必要借助“我的班级我的家”这一主题班会的感染力，让他们获取积极向上的信心和动力，学会自理、自立、自强，并发自内心地热爱自己的班级，与班级共同成长进步。

班会要点

1．引导大家观看视频，走进共同的回忆。
2．合唱军旅歌曲。
3．三句半表演——《夸夸我的班级我的家》。
4．同学们发表对家的感言。
5．全体宣读《班级誓言》。
6．演唱班歌——《我爱班级我爱家》。

班会准备

1．主持人主持词。
2．制作 PPT 课件。
3．军旅歌曲伴奏带。
4．排练三句半《夸夸我的班级我的家》。
5．自编、排练班歌《我爱班级我爱家》。
6．布置会场；准备三句半道具及服装。

班会过程

时　间		地　点	
主 持 人		班　级	

【阶段一】走进共同回忆（随着伴奏音乐欣赏视频）

1．切入主题——班长宣布班会开始：“伴随着那熟悉的旋律，让我们共同走进那难忘的记忆。”

2．演绎主题——班主任演示 PPT 课件，主持人随着伴奏乐朗诵，同学们同时观看视频。

主持人 1：2010 年 8 月的一天，你们从四面八方走来，相聚在职业学校的军训场上。从此，我们有了一个共同的名字——1001 物流管理班！

主持人 2：缘分使我们 40 颗年轻的心聚在了一起，共同见证着从稚嫩到成熟的蜕变。

主持人1：操场上，我们军歌嘹亮、军姿挺拔。

主持人2：宿舍里，我们和睦相处、诉说烦恼，亲如兄弟姐妹。

主持人1：教室里，我们聆听着老师的谆谆教诲，畅谈着各自的理想。

主持人2：一年多的朝夕相处，使我们这个朝气蓬勃的班集体变成了一个温暖和谐的大家庭。

主持人1：这个家，承载着我们共同的理想，散发着我们如火的青春激情。

主持人2：这个家，让我们体会到了幸福和忧伤。

主持人1：这个家满载着我们齐心协力、拼搏进取的辉煌成绩。

【阶段二】昔日情怀——合唱军旅歌曲

主持人1：难忘的记忆虽然代表过去，但有一首歌，却一直萦绕在我们心里。军旅歌曲合唱现在开始。

【阶段三】班级赞——三句半表演《夸夸我的班级我的家》

主持人2：还记得，好多次我们都是眼含热泪唱完这首歌。是啊，班级就是我的家，老师就像妈妈。下面请欣赏我班同学自编的三句半《夸夸我的班级我的家》。

今天心情好激动，先给大家鞠个躬，再对大家说声好，

—Good afternoon!

今天上台为哪般？主题班会夸咱班，班级就是我的家，

—温暖！

咱班个子谁最高，长跑全校目光都聚焦，跳舞、吹管、样样会，

—是二宝！

……

教室卫生标准高，"7S"每天都对照，值日组长专门抓死角，

—承包！

晚自习争分夺秒，早读先唱后背资料，考勤记录天天有，

—学风好！

男生宿舍卫生评比成绩高，通报表扬次数真不少，

宿舍长、管理员把心操，

—督导！

家和才能万事兴，班主任辛劳为稳定，师生情深连纽带，
—都高兴！
咱家好事说不完，但是时间很有限，下次班会咱再唠，
—再见！

【阶段四】真情感言

主持人 1：曾经困惑过，也迷惘过，是家给了我们抚慰，给了我们力量，使我们战胜了心理上的脆弱、生活学习上的困难，让我们一次次坚定方向，奋起向前。

主持人 2：一年多来，我们每一个成员，对家都有着很深的感情，下面请同学们发表一下对家的感言。

（5～6 名同学发表对班级的感受或班级如家的实例，其余同学每人说一句对班级的祝福或个人的努力方向）

【阶段五】集体宣誓

主持人 1：听完大家对班级的感受，让我很受感动。他们说出了所有同学的心里话。班级的成就与班主任的日夜操劳和同学们的努力付出是分不开的，现在就请我们大家全体起立，面向我们的老师宣读我们的班级誓言。

（学生宣读誓言）

【阶段六】合唱《我爱班级我爱家》

主持人 2：班级就是家，我爱我的家。

主持人 1：建设我的家，要靠你我他；最后，让我们一起放声歌唱我们的班歌——《我爱班级我爱家》。

（师生同台演唱）

【主题拓展与升华】班主任点评

一滴水唯有融入大海才能永不干涸；一朵花一旦离开了滋润它成长的泥土便会很快凋谢；人离开了家就会失去智慧和力量的源泉，就不能成长发展。同学们，班级、学院都是我们的家，所以，每个人都不能离开集体。让我们以这次班会为新的起点，以爱为核心，团结一心，爱护我们的班级、我们的学院，将来报效我们的国家！

【主题班会结束】

主持人 2：班级是我家，家是你我他，你心中有我，我对你牵挂。

主持人 1：我们相信，通过这次班会，我们的班级将会更加团结向上，我们会把这个家建设得更加文明、更加快乐、更加和谐。

【班会辅助资料】《我爱班级我爱家》歌词

（根据歌曲《国家》改编）

班级是我家　家是你我他　你心中有我　我对你牵挂
在这里长大　掉泪有人擦　同学如兄妹　老师都像妈
班级是我家　我爱我的家　拼搏同奋发　梦想才开花

我的家住在心里　家是真爱的凝聚
家是责任的屹立
家是快乐的洋溢
感恩老师的培育　挥洒青春的汗滴
我与班连在一起　创造学院的奇迹
在这里长大　掉泪有人擦　成才的摇篮　成就你我他
物流学子们　都爱我的家　拼搏同奋发　梦想会开花
我的家住在心里　家是真爱的凝聚
家是责任的屹立
家是快乐的洋溢……

感悟、心得、体会

第七单元

拾起一片纸，净化一颗心灵

导言

据悉，美国福特汽车公司创始人福特大学毕业后，到一家汽车公司应聘，当他推开经理办公室的门，看见地上有一团废纸，就随手拣了起来，结果只有他应聘成功。

默默地弯下腰，拾起地上的一片片纸屑，净化的是纯净的心灵！弯腰捡起一片纸，每个人都能做到，但并非每个人都能想到；弯腰捡起一片纸，简单的动作，深远的德行……

课时

1 课时

班会目标

1．通过活动，唤起和激发学生对地球家园的爱护情感，确立环保观念。

2．明确“保护环境，人人有责”的深刻内涵，分辨哪些行为是保护环境，哪些行为是破坏环境。

3．让学生从自我做起，爱护环境，在生活中养成环保的习惯。

班会形式

多媒体展示、讨论等形式。

班会背景

人类生存的自然环境在日趋恶化。保护自然环境，维持生态平衡，已是摆在全人类面前的一个重大课题。同样，在我们的校园里，教室中，有些同学卫生习惯较差，随地吐痰、随手扔垃圾等现象屡见不鲜，对整个校园环境造成了较大的影响。为此，搞好环保宣传工作至关重要！

班会要点

1．观看环保视频与图片。
2．知识竞赛。
3．环保行动。

班会准备

1．主持人主持词。
2．多媒体教室、计算机、投影仪、音响设备。
3．提前到食堂、操场、草地、卫生间及本班的教室、宿舍中，收集我们身边存在的不文明行为的资料。

班会过程

时　间		地　点	
主 持 人		班　级	

在《天地之间》的音乐中，主持人上场。

主持人 1：同学们，我出个题目考考大家，好不好？请看，这是什么？（回答：世界地图。）对了，这就是世界地图，谁能在上面找出我们居住的地方呢？（请一名学生找）

主持人 2：世界上有 200 多个国家，全都居住在地球上，地球是我们整个人类的家园。

主持人 1：这是一个美丽的家，是一个广阔的家，是人类祖祖辈辈居住的地方。

（随着甲、乙主持人的介绍，播放世界各地优美风景的视频）

主持人 2：也许有同学要问：为什么只有地球才是我们的家呢？我们为什么不到月球上去住，到火星上去住，到其他星球上去住呢？

同学甲：这个问题还是让我来回答吧！在茫茫宇宙中有无数颗星球，地球只是其中一颗，在这些星球中，除了地球，人类还没有发现另外一颗有生命的星球呢！

（展示美国宇航员登上月球的图片，播放视频）

同学乙：1969 年 7 月 21 日，美国两位宇航员第一次成功地登上了月球。他们在月球上走路像在空中漂浮一样，飘飘摇摇。月球上没有水和空气，白天温度高达 127℃，夜晚温度又降到 −183℃，这样的环境，当然不会有生命存在了。火星是地球的邻居，由于它和地球有些相似的地方，人们一直想找到“火星人”，但实际上火星上白天温度可达 20℃，而夜间又降到 −139℃，这样的环境怎么会有人呢？所以说，只有地球上才有生命，我们只能居住在地球上，而不是在其他星球上。

主持人 2：只有地球才是我们人类唯一的家，宇航员们在月球上看到的最美丽的区域就是地球，棕黄色的陆地，蔚蓝色的大海，美丽的云彩在飘荡，这是一幅多么美丽的图画啊！为了我们的地球更加美丽，身处校园内的我们虽然不能像伟大的科学家那样为保护环境作出巨大的贡献，但是我们可以从身边的小事做起。

主持人 1：我们来到中职学校学习、生活已有很长时间了。

主持人 2：当你走在校园的小路上，漫步于操场上，不知道你对我们校园的环境印象如何？

（同学发言）

主持人 1：许多同学都谈了自己对校园环境的看法，美丽的校园靠我们一起努力建设，但还是会有一些不自觉的同学给学校环境抹黑，现在请分组讨论一下，校园里存在着哪些破坏环境的不文明行为。

1. 在校园内大声喧哗。
2. 在桌椅上、墙壁上乱涂乱画。
3. 践踏草坪，乱摘花，采树叶，摇树苗。
4. 随地吐痰，乱扔口香糖，乱丢垃圾。
5. 不节约水电。
6. 乱扔废电池，对环境造成很大危害。
7. 经常使用一次性筷子、一次性塑料袋，造成白色污染。

……

主持人 2：的确，我们身边时常见到破坏环境的事情发生，面对这些不良行为，我们岂能置之不理？

主持人 1：请大家讨论一下，对校园的环保工作，我们该如何去做？

1. 提高自身环保意识，不乱扔垃圾，不随地吐痰等。
2. 起好模范带头作用，大力宣传环保知识。
3. 组织同学成立清洁小分队，定期清理校园的公共设施等。
4. 可成立绿色小分队，保护树木的成长，给它们浇水、施肥。
5. 对垃圾进行分类，回收可再利用的资源。

……

主持人 2：同学们对校园环保提出了许多良策，环保就应该从身边小事做起。“实行垃圾分类”这一活动已经在我们班展开，我们班已经设置了三只绿色环保箱。

主持人 1：一只用来回收废纸，一只用来回收易拉罐、饮料瓶等，另一只用来回收废电池。

主持人 2：我们把废纸、易拉罐、饮料瓶收集起来，既可以保护环境，还可以将其卖掉，将得到的钱作为班费或是捐给需要的人。

主持人 2：大家都知道废电池的危害很大，可你知道它到底有多大的危害吗？一节废弃的干电池能使 1 平方米土地 50 年寸草不生，一粒纽扣电池可使 60 万升水不能再饮用。电池中含有能严重损害人体健康的金属化合物：汞、镍、铅、锌、锰以及酸、碱。废电池对河流、湖泊、地下水、土地的污染已危及人类的健康，破坏着人类的生存环境。

主持人 1：从调查资料中获悉，回收一吨废旧电池可以回收有用金属 600 千克。可以说回收废旧电池是一件利人利己、造福子孙后代的大好事。

主持人（合）：我们的地球，我们的家会因我们的努力而变得更加美丽！

【主题拓展与升华】班主任点评

我们的祖国是一个具有悠久历史的文明古国，素有“礼仪之邦”的美誉。我们的民族从来就有勤劳、勇敢、诚实、谦逊的美德。举止文明并非个人生活中的小事，而是一个民族道德素质水平和精神文明程度的标志。今天，我们已经拥有了一个幽静而温馨的学习环境，拥有了一个良好的文化氛围。在晨光下，在微风里，当我们走进校园，花香鸟语，绿意盎然，窗明几净的教室，干净整洁的走廊，会让你的心情变得舒畅起来。那么，我们有什么理由不从我做起、从小事做起、从今天做起，用我们的实际行动来维护我们校园的整洁和美丽呢？

现在，我向全体同学提出倡议：“捡起一片纸，净化我们的心灵，捡起一支饮料瓶，重塑我们的修养。”让我们一起来祝福我们的学校，让她永远整洁美丽、宁静有序，让她永远充满爱的温馨，让文明之花在你我之间激情绽放吧！

【主题班会结束】合唱歌曲《明天会更好》

【班会辅助资料】

1．“垃圾分类箱”的制作。

2．多媒体资料的收集。

感悟、心得、体会

第八单元

宿舍文化——校园文明的窗口

导言

众所周知，在我们身边，不少同学首次离开父母，离开了家，住进了学校的集体宿舍。宿舍是我们生活和学习的一个重要环境。我们每天有将近一半的时间都是在宿舍度过的，宿舍环境的好坏不仅影响到我们的身心健康，更重要的是它体现了学校的管理水平。良好的习惯要从生活中培养，独立的能力要从点滴小事中提高。

课时

1 课时

班会目标

1．掌握宿舍军事化管理及“7S”规范管理制度，了解宿舍管理对个人成长的重要意义。

2．提高学生的审美能力，提高学生内务整理、卫生清理等生活能力，培养学生良好的生活习惯。

班会形式

讲解、讨论等形式 。

班会背景

通过前一阶段的入学教育活动安排，同学们基本掌握了学校管理制度和行为规范，我们的教室窗明几净，同学们的个人仪容仪表也已达到了学校要求，但是来到我们的宿舍，看到的却是地面不净、内务不整、物品摆放不齐等情景，这说明同学们还没有形成良好的生活习惯，那么在宿舍里我们都需要注意什么？每个宿舍成员又该如何去做呢？

班会要点

1. 通过 PPT 课件展示卫生较差的学生宿舍，使学生感受到卫生环境对身心成长的重要性。
2. 通过图文并茂的形式，对“7S”规范的具体内容进行讲解。
3. 进入宿舍示范讲解，深化宿舍“7S”规范管理内容。

班会准备

1. 主持人主持词。
2. 宿舍图片对比（优、差典型）。
3. 宿舍“7S”规范及军事化内务管理的具体内容。
4. 与学生处公寓区沟通，进行现场宿舍“7S”规范整理。

班会过程

时　间		地　点	
主 持 人		班　级	

【阶段一】

主持人 1：尊敬的老师。

主持人 2：亲爱的同学们。

主持人（合）：大家好！

主持人 1：欢迎您来到“宿舍文化——校园文明的窗口”主题班会现场。

主持人 1：同学们，请看看我们窗明几净，桌椅整齐的教室。这边是我们的学习园地，那边是我们的技能展示区。一幅幅字，一张张画，装点着我们美丽、神圣的学习场所。

主持人 2：是啊，前一阶段通过《我的班级我的家》主题班会的召开，同学们增强了班级集体荣誉感和主人翁意识，大家下定决心从营造整洁的教室环境入手，献出我们对自己班级的一片爱心。

主持人 1：看到现在我们教室的环境，我会很自豪地说：“我是 ×× 班的学生。”

【阶段二】

主持人1：最近我们的班主任老师和生活委员来到了我们的宿舍，看到我们宿舍的环境后马上惊呆了。让我们一起看看下面的图片。

（展示卫生较差的宿舍图片）

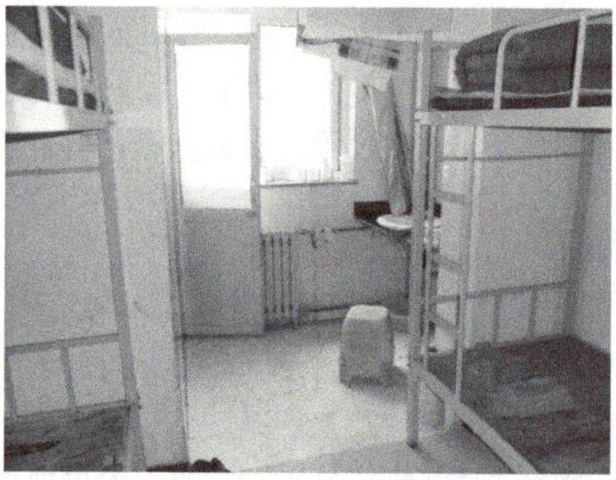

主持人2：同学们看到这些图片后有何感想呢？班级是我们的家，是我们每天学习的场所，难道宿舍不是我们的家吗？我们在宿舍里度过的时间要比在教室的时间还要长啊！

主持人1：那么让我们一起找一找，看看这些图片都在哪些地方违反了宿舍"7S"规范和军事化管理的要求。

（展示宿舍图片）

【阶段三】

主持人1：下面请我们的生活委员依据这几幅图片再向我们讲解一下宿舍"7S"规范及军事化管理要求的具体内容，大家欢迎。

1. 内务（一块二平三全）

"一块"指的是：被子叠成四方块，八棱见线。

"二平"指的是：被面平，床面平。

"三全"指的是：被子、枕头、床单齐全。

2. 物品摆放（四线、五处无物）

"四线"指的是：

一线：上下床的学生都应将鞋摆放在床下中间，脸盆放在鞋两边，鞋摆放按棉、皮、胶、布、拖的顺序，鞋尖向里，鞋跟朝外，与脸盆相齐成一线。

二线：床外横梁摆放毛巾，毛巾对折，圆口向外，两毛巾开口相对，上床学生的毛巾在左，下床学生的毛巾在右，与床边立柱相距十厘米左右，叠好搭成一线。

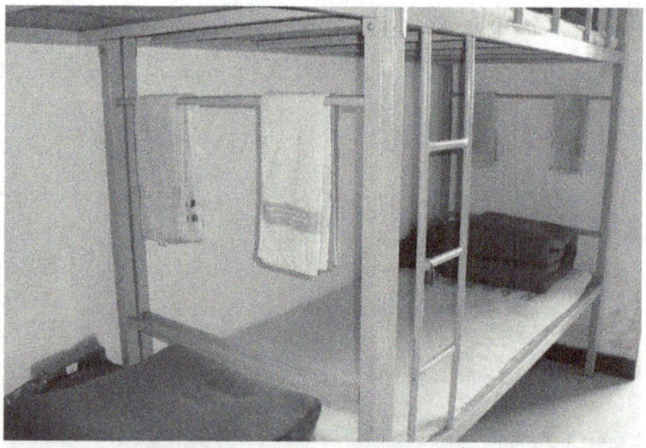

三线：暖壶摆放在洗漱台下方的右侧，所有小凳摞好放左侧，不得超出洗漱台外沿垂直线，摆放相齐成一线。

四线：洗漱用具有序放在窗台上，顺序为由低到高，标准为同颜色放置在一起，成一线摆放。

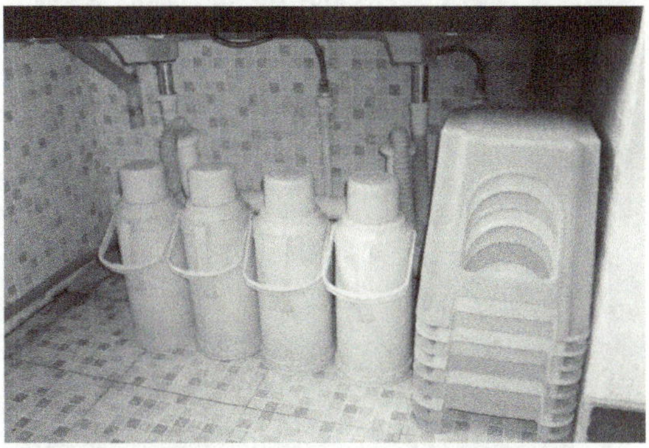

“五处无物”指的是：一处：墙上；二处：床上（除被子、枕头、床刷之外）；三处：洗漱台上；四处：衣橱上；五处：暖气、暖气管上。

3．清扫（六处明亮）

“六处明亮”指的是：一处：地面；二处：墙面；三处：玻璃面；四处：门面；五处：洗漱池；六处：便池。

清洁做好“七个随时”：

1．随时关注宿舍安全隐患的排查和处理。

2．随时规范内务，即“一块二平三全”（除就寝之外）。

3．随时按标准摆放物品，即“四线五处无物”。

4．随时保持卫生的干净整洁，即“六处明亮”。

5．随时关注个人卫生。

6．随时关注不必要物品的清理。

7．随时维护爱护公寓公物。

【阶段四】

主持人2：同学们记清楚“7S”规范及军事化管理要求了吗？下面请大家看几张照片，谈谈自己的感受。

（展示宿舍照片）

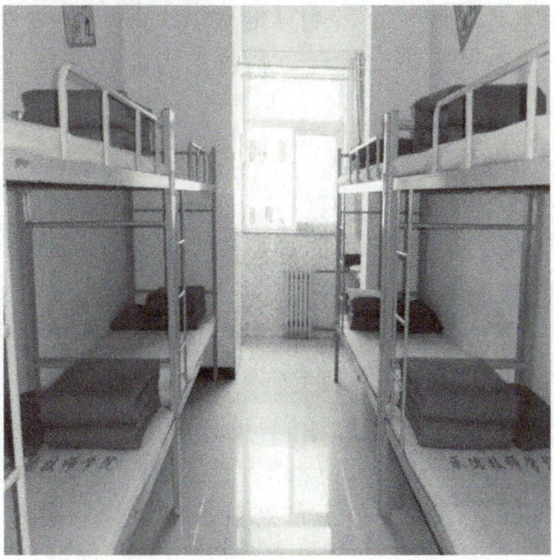

同学发言：

同学 1：良好的宿舍环境给我们带来良好的生活环境。

同学 2：我们宿舍的条件很好，设施很齐全，很方便，也很安全。

同学 3：宿舍环境的好坏能直接反映出该宿舍的同学的整体素质。

同学 4：良好的宿舍环境带给我们舒适、温馨的感觉。

同学 5：宿舍就是我们的家，我们应该好好地爱护它。

……

【阶段五】

主持人 2：同学们，下面有请班主任老师为我们做下一步活动的安排。

班主任：同学们，今天的主题班会我们刚刚完成了第一环节，在此环节中我们通过照片展示、问答等形式了解了宿舍环境对同学们身心发展的重要影响，尤其是我们的生活委员从实际出发，通过讲解和示范，展示了宿舍“7S”规范和军事化管理要求，同学们看得认真，听得仔细，体现了同学们爱宿舍、爱集体的良好素质。接下来我们第二环节的主题班会继续开展。请全体同学马上到楼下集合，我们一起去检查中午宿舍大扫除的成果，并根据存在的问题进行现场指导。走出教室时要保持安静，不大声喧哗，不影响其他班级上课。

主持人 1：请同学们马上回到自己的宿舍，根据要求再检查一下宿舍的内务卫生，班主任和生活委员将逐个进行检查。

（班主任、生活委员检查指导中……）

【主题拓展与升华】班主任点评

我校的军事化管理是从 2005 年开始的，2006—2007 年军事化管理最有成效，会操、上课、早晚自习、就餐等都能看到军事化管理的成果。

宿舍管理是学校军事化管理展示的重要平台，各级领导来校检查指导工作，都要到学生公寓去看看我校宿舍情况。宿舍管理不仅能够体现出学校的管理工作水平，还能体现出我们每一名学生内在的素养与品行。宿舍的卫生环境、人文环境对我们习惯的养成、素质的培养有着深远的影响。

企业对员工素质的要求也是越来越高，良好的生活习惯、工作态度等成为企业招聘员工的重要条件之一，宿舍管理不仅为了营造和谐的卫生环境和公共秩序，更重要的是帮助同学们树立懂生活、知珍惜、讲规范、求和谐的人生观。希望同学们通过此次主题班会，认真总结，从今天开始，通过认真清理宿舍环境卫生，爱护宿舍公物，珍惜同学友情，把自己培养成为高素质、高技能的综合性技能人才。

【主题班会结束】

【班会辅助资料】

1．军事化管理相关资料。

2．宿舍“7S”规范达标要求。

感悟、心得、体会

第九单元

抵制诱惑，远离烟酒

导言

近年来，吸烟、饮酒的人群日趋低龄化，给青少年的身心健康造成了严重的危害。中华全国律师协会未成年人保护专业委员会主任佟丽华对记者说：吸烟已经成为继毒品之后危害青少年身心健康的第二大杀手，饮酒导致的斗殴、死亡事件亦时有发生。

课时

1 课时

班会目标

1．使学生认识到吸烟、酗酒对自身的危害，将远离烟酒作为本阶段的重要目标。
2．充分调动学生的积极性，增强学生的自信心。

班会形式

讨论、多媒体展示等形式。

班会背景

有的学生自以为长大了，但自我约束能力仍较差，于是如何让他们远离吸烟、酗酒等不良习气的影响成为迫在眉睫的问题，我们要让青少年从根本上抵制诱惑，远离烟酒，帮助每一个孩子健康成长，养成良好的生活习惯。

班会要点

1．观看图片，震撼心灵。
2．世界各国吸烟情况介绍及重要提醒。
3．讨论如何拒绝吸第一支烟，以及吸烟喝酒给我们带来哪些危害。
4．宣读戒烟戒酒倡议书。

班会准备

1．准备资料：图片、案例介绍与分析。
2．戒烟戒酒倡议书。
3．教室、黑板场景布置，PPT 课件制作。

班会过程

时　间		地　点	
主 持 人		班　级	

【阶段一】

观看多媒体展示的烟酒危害健康的图片，导入主题，谈一谈初步感受。

【阶段二】深入认识，震撼心灵

1．×× 同学介绍外国与中国的吸烟对比情况

近年来，当发达国家的吸烟率以每年 1% ～ 2% 的速度下降时，我国的吸烟率却在以每年 2% 的速度增长，这意味着目前中国大约有 3.5 亿吸烟者。中国目前 20 岁以下的青少年有 5 亿，按我国现在的吸烟率，其中将有约 40% 的青少年会成为吸烟者，即约有 2 亿人将成为新的烟民。而吸烟者中，最终有 1/4 将死于与吸烟有关的疾病，即有 5000 万人将因吸烟而死亡，这个数字相当于第一次世界大战和第二次世界大战死亡人数的总和。

21 世纪，世界的发展趋势是无烟社会，那么中国这个吸烟大国该怎么办呢？实际上，只要青少年不吸烟，不再产生新的烟民，20 世纪的瘟疫—— 吸烟即可能绝迹。新加坡等国已经向青少年发出倡议：做不吸烟的新一代！中国的青少年是否也有这个决心呢？

2．重要提醒：（由 ×× 同学宣读关于烟酒的重要警示）

提醒同学们：

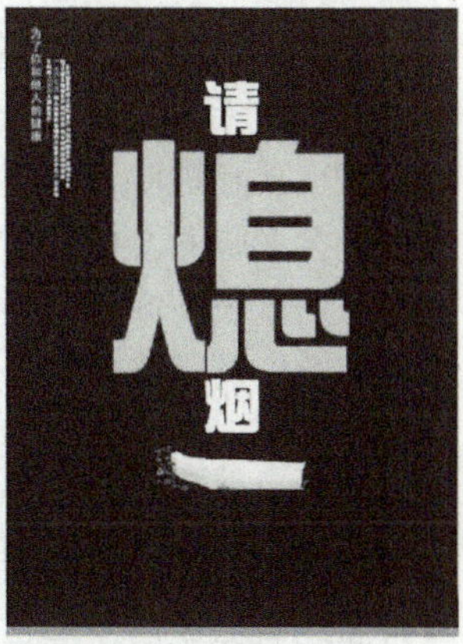

△世界卫生组织的专家指出，烟草和酒精是“毒品的入门”，吸烟和饮酒成瘾以及滥用药物的人，都更容易沾染毒品。

△开始吸烟的年龄越小，对人体的危害越大，因为青少年的内脏器官很娇嫩，还未成熟，更容易受到烟草中致癌物质的侵害。

△不吸烟是你自己可以选择的健康行为，是健康生活方式的支柱；要下决心永远做坚定的不吸烟者，以保证终生的健康和生命质量。

△吸烟，有的是吸给别人看的，为了公关或是显示气派，但同时又使别人被动吸烟，所以，吸烟是损人不利己的行为，可为何明知故犯呢？

△吸烟会造成资源的浪费，造成对社会和家庭的沉重负担，与其如此，不如下决心拒绝吸烟。许多健康的文体活动完全可以振奋精神，代替吸烟的行为。

△吸烟，还可能成为加入不良少年群体的“导火索”，有了一种不健康的行为，则可能诱发更多的危险行为。

提醒成人：

△老师：做无烟生活方式的积极提倡者和榜样；如果您是烟民，最好尽早戒烟，或是保证做到不在学校范围内和学生面前吸烟。

△家长：

1．对孩子进行禁烟教育，应该以身作则，争取做到“无烟家庭”。

2．对孩子的吸烟行为不能予以支持或默许，那样无异于害了他。

3．将吸烟危害人体健康的实例告诉孩子，使孩子下决心远离烟草。

4．如果发现孩子经常吸烟，应咨询医生，帮助孩子尽早戒烟。

【阶段三】思考、分组讨论

1．与同学讨论。有什么好办法可以拒绝吸第一支烟。

2．酗酒有哪些危害?

3．请仔细观察，吸烟者与不吸烟者在精神面貌和健康状况方面有什么不同?

讨论结果：

1．永远不去尝试吸第一支烟。有许多青少年就是由于好奇而养成吸烟习惯的。当他们看到父母、老师吸烟时，就会感到好奇，很想试一试。但由于烟草是一种成瘾性物质，它能够使人成瘾，久而久之就会形成依赖，养成了吸烟的习惯。所以要抵制住他人吸烟的诱惑和香烟广告及影视明星吸烟的负面引导。

2．过量饮酒会引起许多健康问题，并缩短人的寿命。其危害主要表现为以下两点：

①对中枢神经系统的损害：酒精是中枢神经系统抑制剂，若是大量饮酒，中枢神经系统功能受到抑制，人的行为会发生改变，表现为定向障碍，伴有神志模糊，洞察力和判断力下降。有的人则会情绪不稳定，或哭或笑，易受外界刺激影响，容易被激怒。长期过度摄入酒精，就会发生酒精依赖综合症，使脑部萎缩，导致思维、情感、智能、行为等的异常，并且自我控制能力减退，易发生挑衅性、攻击性和危害性行为。

②对青少年发育的影响：酒精可直接作用于垂体，使垂体生长发育受阻，垂体前叶分泌的生长激素减少，从而影响全身的生长发育和正常代谢。此外，高浓度的酒精对甲状腺、肾上腺皮质和性腺都有直接的损害作用。严重的酒精中毒可导致内分泌腺萎缩，体重减轻。酒精也会影响激素的合成。因为酒精可损害人的胃肠功能，影响各种酶的分泌与功能的正常发挥，所以长期饮酒可导致严重的营养不良，甚至会严重影响生长发育。此外，酗酒可导致人的判断能力下降，是青少年过激行为的一个主要原因，如导致滥用药物、意外伤害、自杀、打架斗殴等。因此青少年一定不要酗酒。最好不要饮酒，因为一旦饮酒，很难把握自己的饮酒量。

3．吸烟者与不吸烟者的精神面貌和健康方面有很多差别，从牙齿、指甲、肺部、面色等方面均有体现。（学生可多搜集一些资料和实例）

【阶段四】

一起宣读倡议书，班长领读。

校园禁烟禁酒倡议书

亲爱的同学们：

众所周知，喝酒伤身，吸烟伤体。为了呵护同学们的身心健康，为了养成良好文明的生活习惯，为了创造文明、洁净、优美的校园环境，我们向全校同学发出倡议——校园禁烟禁酒！让我们一起行动，让烟蒂、酒瓶在校园销声匿迹。

青少年是祖国的花朵，肩负着振兴中华的使命，未来的我们任重而道远。为了大家的身心健康，为了让大家拥有一个良好的学习生活环境，我向同学们发出倡议：珍爱生命，远离烟酒！

一、青少年要有自控能力，抵制诱惑，自觉远离烟酒，倡导健康的生活方式。

二、青少年要养成良好的生活习惯，树立健康科学的人生观，正确认识吸烟、喝酒对人体的危害。

三、已开始吸烟的青少年应有坚强的意志和信念去戒烟，并积极带动其他同学远离烟草。

四、严格遵守学校规章制度。增强主人翁意识，维护公共卫生，爱护公共财物，增强安全意识，共同维护我们的学习生活环境。

让我们一起行动起来，坚决抵制烟酒，人人不吸烟、不喝酒，努力营造良好的学风、校风，创造一个文明、优美的校园环境。请相信，无烟的花季将更美丽，远离酒精的我们将更健康！

【主题拓展与升华】班主任点评

影响青少年吸烟喝酒的心理因素主要有以下几点：①有好奇心、善于模仿，渴望独立、成熟的心理使得青少年盲目地认为，吸烟就是成熟的标志；②有些青少年认为，烟酒可以使人产生亲近感，容易联络感情，烟酒开路，能办成事。很多学生学会了用烟酒来进行人际沟通；③受社会攀比风气的影响，一些虚荣心强、爱面子、喜欢炫耀攀比的学生在校内摆阔气、讲排场，在人际交往中通过烟酒来抬高自己的身价，而另一些人为了不被“鄙视”，显示自己的能耐，也硬着头皮盲目跟从，和“朋友”共享；④青少年在面临学习、恋爱、就业、生活等方面的压力时，由于知识、经验不足，情绪不稳，承受和调节能力较弱，他们特别需要寻找心理寄托。吸烟和喝酒能暂时麻醉神经，忘却烦恼，消除心理郁闷，获得短暂的快乐，即所谓“一抽（喝）解千愁”；⑤青少年学生对吸烟酗酒的危害性缺乏足够的认识，错误地认为吸烟喝酒未必有什么危害。那么，通过今天的主题班会，我们每个同学都应该清醒地认识到吸烟酗酒的多重危害。从今天起，从我做起，坚决抵制烟酒！努力营造文明校园！

【主题班会结束】

【班会辅助资料】

吸烟酗酒危害健康的相关图片、视频。

感悟、心得、体会

第十单元

珍爱生命，拒绝校园暴力

导言

近年来，校园暴力已经成为让学生家长、教育者和社会无法回避的问题。人们一次次地反思，而校园暴力却又一次次地出现，发生在校园青少年之间的暴力事件屡见报端。中（职）学生正处于人生道路的特殊时期，人生观、价值观和世界观尚不明确，性格多变，遇事易冲动，常用简单粗暴的方法解决问题，容易发生校园暴力事件，触犯法律后又追悔莫及。校园暴力就像一头猛虎，让人不寒而栗……

课时

1 课时

班会目标

1．分析发生校园暴力的原因，以避免发生校园暴力事件。

2．认识到校园暴力的法律后果。

3．让学生更加全面地认识校园暴力，从而规范自己的言行，避免成为校园暴力的施暴者和受害者。

班会形式

多媒体展示、讨论、文艺表演等形式。

班会背景

校园暴力事件在全国范围内屡见不鲜，花样的年纪为何如此暴戾？残酷的青春，谁之过？青少年应该理性化解生活中的矛盾，而非简单粗暴处之，否则触犯法律将追悔莫及。

教师也要及时对学生进行思想教育，提高中学生的个人修养，远离暴力倾向和行为，珍爱生命，保护自己，爱护他人。

班会要点

1．讲述熟悉的校园暴力案例。
2．讨论校园暴力发生的原因和主要危害。
3．讨论如何避免遇到校园暴力和如何保护自己。
4．合唱歌曲《让世界充满爱》。

班会准备

1．主持人主持词。
2．关于校园暴力的图片和短片。
3．校园暴力的相关资料。
4．制作倡议书条幅，全班同学签字。
5．歌曲练习。

班会过程

时　间		地　点	
主 持 人		班　级	

【阶段一】校园伤害案例播放

主持人1：生命是可贵的，但又是脆弱的，我们要珍爱自己的生命，尊重他人的生命，可是，在我们身边，经常有打架斗殴事件的发生，有很多同学不爱惜生命，不尊重生命，如果不及时回头，势必会走上一条不归路……

主持人2：校园暴力多发生在中小学，在世界的各个国家，每天都会发生校园暴力事件，并不时有校园学生暴力案件的报道，其中还有一些性质相当恶劣的案件。案件中那些心灵被扭曲的青少年作案手段之残忍，令人触目惊心。接下来让我们看一些短片和图片……

（播放近期发生的校园伤害案例）

主持人1：血淋淋的事实和严重的法律后果告诉我们，任何形式的暴力欺凌行为都是不可接受的。学校为我们创造了良好的学习和成长环境，我们更应该回报给学校一个友爱、尊重、平等的和谐环境。接下来请同学们讨论一下校园暴力发生的原因。

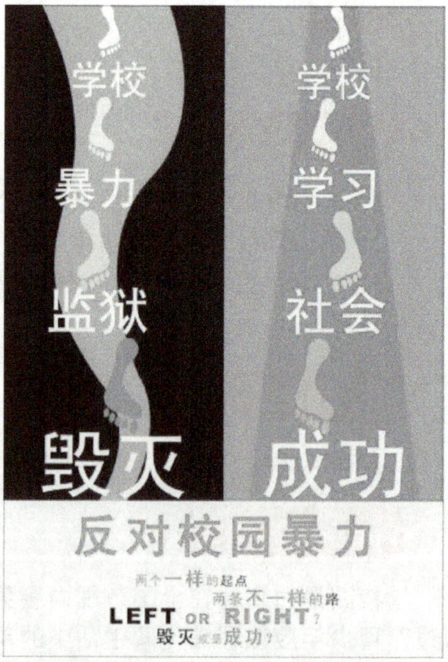

1. 索要钱物未果，就拳脚相加，威逼利诱。

2. 以大欺小，以众欺寡。

3. 为一点小事大打出手。

4. 同学间因“义气”之争，以暴力手段论短长。

5. 不堪受辱，以暴制暴。

6. 个人法制意识淡薄，缺少父母关爱，缺乏家庭温暖，造成性格孤僻、心理扭曲，于是想出不正当的办法发泄。

7. 因“争风吃醋”而大打出手。

【阶段二】总结校园暴力的表现形式

主持人1：校园暴力包括行为暴力、语言暴力和心理暴力。

1. 行为暴力主要指包括打架斗殴、敲诈勒索、抢劫财物等一系列对人身及精神达到某种严重程度的侵害行为。

2. 语言暴力主要指通过语言对精神达到某种严重程度的侵害行为，包括起侮辱性外号、造谣污蔑等行为。

3. 心理暴力主要指通过言语、行为或其他方式对精神达到某种严重程度的侵害行为。如恐吓、侮辱、排斥、歧视、孤立等行为都是心理暴力行为。

【阶段三】讨论如何应对和制止校园暴力并发出倡议

主持人2：校园暴力打破了校园里原本属于每个人的宁静与和谐，为了不让校园这方净土成为另一个“江湖”，为了不让我们的“花季”变成“花祭”，我们要坚决向校园暴力说“不”，坚决避免和制止校园暴力！

班长宣读珍爱生命，拒绝校园暴力倡议书

1. 不崇拜暴力文化。首先，我们应该远离那些充斥着暴力文化的影视作品、书籍、报纸及游戏等，不给暴力文化以存在的空间；其次，不要受暴力文化的影响，盲目模仿影视或游戏里的暴力行为；再次，正确认识影视作品、书刊中英雄人物的形象和意义，不盲目崇拜影视作品中那些“除暴安良”的英雄人物，不用暴力体现自己的价值；最后，培养健康高尚的审美情操，多接触有益身心的文化。

2. 不参与校园暴力。道理是讲出来的，而不是打出来的。在日常校园生活中，同学之间应和睦相处，不拉帮结派。宽以待人，互相尊重，相互礼让，相互体谅。我们应树立正确的是非观念，要有最起码的善良、同情心和怜悯感。当有同学“邀请”我们去参与校园暴力时，我们应该断然拒绝，坚决不充当校园暴力行为中的帮凶。

3. 注重心理健康发展。心理因素是引发校园暴力的一个重要因素，当我们面临心理压力时，应将挫折视为鞭策我们前进的动力，不要养成消极的思考习惯，遇事要多往积极的一面想。在平时的生活中，我们应尽量敞开心扉，表达心情，诉说心声，从而避免遇事激烈冲动，自作主张。

4. 加强自身的法律意识和法制观念。施暴者法律意识淡薄，对法律无知，这是校园暴力产生的另一个主要原因。所以，为了加强自身的法律意识和法制观念，我们要学法、懂法、守法、用法。既要以法律来规范自己的行为，也要用法律的武器来保护我们的生命安全。

5. 树立正确的安全道德观念。在关注自身安全的同时去关注他人的安全。助人为快乐之本，社会需要弘扬正气。同情我们身边的人，珍爱自己和他人的生命。我们应该宽宏豁达，不应为一点小事而僵持不下，斤斤计较，甚至拳脚相加，做出降低人格的事情。

6．避免自己成为施暴者的目标。我们平时不要随身携带太多的现金和手机等贵重物品，不要公开显露自己的财物。校园中僻静的角落、厕所或楼道拐角都是校园暴力的多发地带，我们在这些地方活动时尤其要注意，最好结伴而行。

7．遭受语言暴力时的自救。应对语言暴力，我们要采取以下方式：一是淡然处之，保持沉默；二是自我反省，积极分析自身责任；三是肯定自己，不要受对方侮辱性语言的影响，要积极肯定自己的价值；四是调整心态，对于外界的打击和辱骂，我们要有一个好的心态，不要让他人的因素来影响我们的情绪和健康，做好心理上的调节。

8．遭受行为暴力时的自救。如果被攻击者殴打该怎么办？一是找机会逃跑；二是大声呼救；三是如果以上退路被攻击者截断，那么应双手抱头，尽力保护头部，尤其是太阳穴和后脑。

9．遭受心理暴力时的自救。如果在学校遇到了排斥、歧视、孤立等心理暴力行为，我们应该积极、主动地去与别人沟通，弄清楚原因。如果自己无法解决，可以向老师求助。

10．及时报告，依法维权。我们一定要树立维权意识，一旦有情况发生，及时告诉家长、老师和警察，他们是值得我们信任的人。发现他人遭遇紧急情况，我们一定要在第一时间报告求助，采取最有效的救助措施。

宣读完毕，请同学们依次在倡议书上签名保证。

【阶段四】老师和全班同学齐唱歌曲《让世界充满爱》

【拓展与升华】班主任点评

校园暴力是学校中发生最多、统计最难、最具隐蔽性、对受害者人身安全和心理健康影响最普遍的伤害。它常常以恃强凌弱、殴打谩骂、恶意嘲弄、散布谣言、敲诈勒索等形式出现。校园暴力不仅是行为健康问题，也可能会逐渐演变成刑事犯罪的问题。

通过这节班会，我希望同学们能恪守承诺，远离暴力，学会保护自己，巧妙帮助受害者，为我们携手创建和谐班集体而努力！为我们拥有一个快乐健康的人生而努力！

【主题班会结束】

【辅助资料】

1．近期发生的校园暴力案件资料。

2．《让世界充满爱》歌词。

轻轻地捧起你的脸
为你把眼泪擦干
这颗心永远属于你
告诉我不再孤单
深深地凝望你的眼
不需要更多的语言
紧紧地握住你的手
这温暖依旧未改变
我们同欢乐
我们同忍受
我们怀着同样的期待
我们共风雨
我们共追求
我们珍存同一样的爱
无论你我可曾相识
无论在眼前在天边
真心地为你祝愿
祝愿你幸福平安

感悟、心得、体会

第二篇

第一单元

弘扬雷锋精神，争做文明使者

导言

现如今，有不少年轻人否认传承的意义，盲目追求时尚，而且还会说：“都什么时代了，还学习雷锋？”也许时代的变迁已使雷锋精神的表现形式发生改变，但这并不代表我们的社会不再需要“雷锋”。相反，作为新时代的青少年，我们更应该以雷锋同志为学习的楷模和榜样，继承革命英雄的光荣传统，把雷锋精神认真贯彻到实际行动中来，从小做起，从我做起。

课时

1 课时

班会目标

1. 通过介绍雷锋的生平事迹以及讲述他亲身经历的故事，弘扬雷锋精神。

2. 调动同学们学习雷锋的热情和决心，并将其转化到今后的实际行动中。

3. 通过班级评选，推荐班级中学习雷锋的典型，构建“优良班风、和谐校园”，让同学们感觉到雷锋就在我们身边。

班会形式

讲述、表彰活动、歌曲表演等形式。

班会背景

当前社会，信任感普遍缺失。“雷锋”代表了什么？雷锋精神又意味着什么？雷锋命题需要怎样的答案？在市场经济的价值观下，如何让雷锋精神得以延续？雷锋在孩子们心目中是一个怎样的形象？他们又将如何传承新形势下的雷锋精神？当冷漠成为很多人的面具，意义和价值在怀疑中消解，行动与实践在质问中延宕时，扶起跌倒的老人会不会反被诬陷撞人？爱心捐助会不会反被贪污挪用？在钢筋水泥的现代社会中，有人感叹：雷锋若在，也寸步难行。

班会要点

1. 雷锋诗歌我来颂——第一组。

2. 雷锋生平我来讲——第二组。

3. 雷锋故事我来说——第三组。

4. 雷锋日记我来读——第四组。

5. 雷锋精神我来论——大家讨论。

6. 雷锋传人我来寻，表彰班级涌现的学雷锋先进分子。

7. 雷锋歌曲大家唱。

班会准备

1. 主持人主持词。

2. 将全班分成四个组，分别负责雷锋诗歌、生平、故事、日记等内容的资料收集，并做好表演准备。

3. 歌曲《学习雷锋好榜样》及诗歌朗诵伴奏带。

4. 给学雷锋先进分子佩戴的大红花及荣誉证书。

班会过程

时　　间		地　　点	
主 持 人		班　　级	

【阶段一】雷锋诗歌我来颂

主持人：有一个名字很普通，但我们从小就知道要做个像他那样的人；有一个名字很伟大，一说出来就代表着一种精神，这个名字就是—— 雷锋。每年的 3 月 5 日是毛泽东主席题词“向雷锋同志学习”的纪念日。我们作为新一代的共产主义接班人，要责无旁贷地将雷锋精神传承下去，我们要在平常的学习生活中发扬雷锋精神，勤奋好学、助人为乐，为创建和谐校园贡献自己的力量。

请听第一组带来的配乐诗朗诵——《怀念雷锋》。

【阶段二】雷锋生平我来讲

主持人：请第二组为我们介绍雷锋同志的生平。

雷锋于 1940 年 12 月 18 日出生在湖南省望城县简家塘村一个贫苦农民的家庭里。雷锋在不满 7 岁时就成了孤儿。1956 年夏天，他从荷叶坝小学毕业，在毕业典礼上，他上台发言，毅然要求留在农村，为建设社会主义新农村贡献自己微薄的力量。

1960 年 1 月 8 日，雷锋接到了入伍通知书，新兵训练结束后，雷锋被分到运输连成为了一名普通的汽车兵。同年 8 月，驻地抚顺发洪水，运输连接到了抗洪抢险命令。雷锋忍着刚刚参加救火被烧伤的手的疼痛又和战友们在上寺水库大坝连续奋战了七天七夜，荣获了一次二等功。11 月 8 日，雷锋光荣地加入了中国共产党。

1962 年 8 月 15 日上午 8 点多钟，雷锋这个劳动人民的好儿子，中国共产党的优秀党员，因意外和我们永别了，年仅 22 岁！

【阶段三】雷锋故事我来说

主持人：有关雷锋做好事的故事多少年来脍炙人口，他的名字成了做好事的象征。接下来，请第三组为我们讲讲雷锋的感人事迹。

1. 大方与小气

雷锋入伍时有 200 元的积蓄。后来，他把 100 元捐献给公社，辽阳地区遭受水灾时，他又将剩下的 100 元寄给了辽阳市委。雷锋入伍当年，每月有 6 元钱的津贴，他全用在了做好事上。自己的袜子却补了又补，平时连一瓶汽水都舍不得喝。

2. 一心为他人

在部队里，雷锋对待同志像春天般温暖，帮助同班战友乔安山认字、学算术，为小周病重的父亲写信寄钱，为小韩缝补棉裤……每逢过年过节，雷锋想到服务和运输部门最忙，便叫上同班战友直奔附近的瓢儿屯车站，帮着打扫候车室，给旅客倒水。孩子们学雷锋做好事，曾受到一些人的非议。不少人不解，问雷锋为什么做好事这么难。雷锋朴实地回答：“做好事就不要计较别人说什么，只要对人民有益，就应该坚持做下去。”

3. 冒雨送“亲人”

有一天，雷锋正在部队驻地附近擦洗汽车。突然阴云聚拢，下起了雨。他连忙拉开帆布盖车，一抬头，发现公路上有个妇女带着两个孩子，怀里抱着年幼的，手里拉着年龄大些的，肩上还背着个包袱，“叽叽叽叽”蹚着泥水，在大雨中吃力地走着。雷锋跳下车来，迎上前去一打听，原来她姓纪，从哈尔滨来，要到樟子沟去。雷锋听了，看看她背了这么大的包，还带两个孩子，天又快黑了，下着这么大的雨，怎么走呀！就说：“大嫂，你在这里等”。他连忙跑回宿舍，拿来了自己的雨衣给纪大嫂披上，接过孩子来替她抱着，冒着风雨送她们回家。

一路上，那个孩子冷得直打哆嗦，雷锋又脱下了自己的衣服给孩子穿上，一直走了将近两个小时，才把她们送到家。纪大嫂感激地说："兄弟，我一辈子也忘不了你的情意啊！"雷锋说："军民是一家，何必说这个……"风还在刮，雨还在下，天也黑了。纪大嫂和家里人再三劝他等明天天晴了再走。雷锋想：刮风下雨算什么？一定得赶回部队，明天还要照常出车呢！于是就辞别了他们，又浑身湿淋淋地冒着风雨连夜跑回部队。

【阶段四】雷锋日记我来读

主持人：雷锋留给我们的，除了那些值得学习的动人事迹外，还有流传至今的不朽篇章，那就是雷锋日记。我们的父辈都曾将雷锋日记中的名言名句作为自己的座右铭。这些闪亮的语句激励着一代又一代人将雷锋精神发扬光大。今天，就让我们一起来学习雷锋日记中的这些精彩篇章吧！

下面请第四组同学为大家读读雷锋叔叔的日记。

1. 青春啊！永远是美好的，可是真正的青春，只属于这些永远力争上游的人，永远忘我劳动的人，永远谦虚的人。

——1959 年 10 月 25 日

2. 要记住：在工作上，要向积极性最高的同志看齐；在生活上，要向水平最低的同志看齐。

——1960 年 6 月 5 日

3. 对待同志要像春天般的温暖，对待工作要像夏天一样的火热，对待个人主义要像秋风扫落叶一样，对待敌人要像严冬一样残酷无情。

——1960 年 10 月 21 日

4. 世界上最光荣的事——劳动。世界上最体面的人——劳动者。

——1961 年 3 月 16 日

5. 人生总有一死，有的轻如鸿毛，有的却重如泰山。我觉得一个革命者活着就应该把毕生精力和整个生命为人类解放事业——共产主义全部献出。我活着，只有一个目的，就是做一个对人民有用的人。

当祖国和人民处在最危急的关头，我就挺身而出，不怕牺牲。生为人民生，死为人民死。

——1961 年 10 月 3 日

6. 钉子有两个长处：一个是挤劲，一个是钻劲。我们在学习上，也要提倡这种"钉子"精神，善于挤和善于钻。

——1961 年 10 月 19 日

7. 有人说：人生在世，吃好、穿好、玩好是最幸福的。我觉得人生在世，只有勤劳，发奋图强，用自己的双手创造财富，为人类的解放事业——共产主义贡献自己的一切，这才是最幸福的。

——1962 年 4 月 4 日

【阶段五】雷锋精神我来论

主持人：刚才我们通过各种形式学习了雷锋的事迹和伟大精神，每个人都从中受到了深刻的教育。下面请大家畅所欲言：为什么我们要向雷锋学习？要学习他的什么精神？怎样学习他的精神？

（同学们思考后各抒己见，纷纷发表自己的观点和认识）

同学甲：我们现在的生活条件虽然和雷锋所处的时代有天壤之别，可是我们却缺少雷锋身上的许多优秀品质。

同学乙：我们要学习他不怕苦的精神，在学习上刻苦用功。

同学丙：我们要学习他那种无私、善良、友爱的精神。

同学丁：我们应该从身边小事做起，用于承担。

……

【阶段六】雷锋传人我来寻—— 表彰班级涌现的学雷锋先进分子

主持人：学习雷锋不是一句空话，学习雷锋并不难。在我们身边也有很多好人好事，雷锋离我们并不遥远……

请班长宣读我们班级评选出来的学雷锋先进分子……请班主任为这些同学颁发荣誉证书（或佩戴大红花）。

【阶段七】雷锋歌曲大家唱

主持人：从小就有一支歌曲让我们耳熟能详，那就是《学习雷锋好榜样》。下面就让我们一起充满激情地唱响这支歌，让我们永远以雷锋为榜样。

【主题拓展与升华】班主任点评

雷锋其实哪儿也没去，他就在我们的身边。雷锋精神的内涵——奉献，依然存留在我们的生活中，并被千千万万的人学习与继承，雷锋让我们感受到如三月和风般的温暖与舒适。虽然雷锋已经远去，但雷锋精神永存。在我们的班级里，就有很多同学，在默默无闻地为班级为大家做着好事。我们每个人身上都有善的种子，只要把我们的爱心付诸行动，我们每个人都可以成为活雷锋。希望今后能有更多的同学用实际行动去发扬雷锋的高尚品德，弘扬雷锋精神，让文明之花开遍校园！

【主题班会结束】合唱歌曲《学习雷锋好榜样》

【班会辅助资料】

1．诗朗诵《怀念雷锋》。

三月的鲜花芬芳了你的名字
三月的小雨打湿了那首歌
和一九六三年并肩走来的不只是您的名字
站在一九六三的起跑线上我开始凝视
在缺少爱的荒原
你是绿树一丝，春花一朵
在缺少爱的星空
你是皓月一轮，明星一颗
在缺少爱的旅途
你是小船一只，大桥一座
在缺少爱的冬日
你是一缕春风，一盆炭火
雷锋　你是爱的丰碑
爱的旗帜，爱的楷模
为了爱，多少人在呼唤你的名字
浸润三月的思绪
沐浴三月的红雨
我迷恋在雷锋的故事里
轻轻地歌唱着……

2．《学习雷锋好榜样》歌词。

学习雷锋好榜样，忠于革命忠于党，爱憎分明不忘本，
立场坚定斗志强，立场坚定斗志强。
学习雷锋好榜样，艰苦朴素永不忘，愿做革命的螺丝钉，
集体主义思想放光芒，集体主义思想放光芒。
学习雷锋好榜样，毛主席的教导记心上，全心全意为人民，
共产主义品格多高尚，共产主义品格多高尚。
学习雷锋好榜样，毛泽东思想来武装，保卫祖国握紧枪，
努力学习天天向上，努力学习天天向上。

感悟、心得、体会

第二单元

有负责任，为生命添值

导言

做人要有责任感，生活中责任处处存在。我们要对家人、对关爱我们的人们、对国家、对社会负责。英国王储查尔斯曾说：“有很多事情我们都不喜欢做，但我们不但要做，而且要做好，这就叫做‘责任’。”“做好不愿做的事情”是人成熟的标志之一，这话不假，没有兴趣也要用心去学，绝不可放弃，这依然是责任。在我们每天的学习、生活和工作当中，甚至在我们的一生当中，都要记住：任何时候，责任高于一切！同学们，这是一个靠实力说话的时代，世界是属于你们的，你们要勇敢地挑起肩上的重担，从今天起学会承担责任，做一个有责任心的人！

课时

1 课时

班会目标

1. 让学生懂得什么是责任，如何做一个有责任心的人。

2. 通过活动让学生感受责任心的重要性，增强其责任意识，勇于担当，学会对自己、对他人、对集体负责。

班会形式

多媒体展示、讨论、手工制作活动等形式。

班会背景

康德曾经说过：“每一个在道德上有价值的人，都要有所承担。不负任何责任的东西，不是人，而是物。”现在的学生大多是独生子女，在家有父母的溺爱，他们变得任性、自我。在学校则表现为做事缺乏责任心，事不关己，高高挂起。增强当代青少年的社会责任意识，不仅是祖国发展、民族振兴的需要，也能够促进青少年群体自身的成熟与完善。

班会要点

1. 通过案例讲解，让学生了解责任对于社会和生活的重要性。
2. 分组制作责任树，讨论作为一个完整的“我”应该承担的责任。

班会准备

1. “小悦悦的悲剧”（PPT 课件制作）。
2. 收集身边有关责任的事例。
3. 分组制作责任树墙贴（树干、树杈提前贴好）。
4. 每位同学都要准备责任树的叶子（绿色彩纸、记号笔）。

班会过程

【阶段一】思考：大家如果都不负责任，会给我们的生活带来什么？

（播放 PPT：小悦悦的悲剧）

班长讲述：2011 年 10 月 13 日下午，广东佛山，两岁小女孩悦悦被一辆面包车撞倒并碾轧。两名路人先后路过，均对倒地的悦悦不理睬，接着悦悦被一辆车再次碾压。之后 5 分钟，往来的十余个路人无一人伸出援手，直到一位拾荒阿姨看到后救起悦悦。对于小悦悦的悲剧，我们要追问，究竟是什么原因让那么多过路人对躺在地上的小悦悦熟视无睹？我们更应该告诉自己，我们每一个人，都可能成为走过小悦悦身边的“路人”。社会责任感的缺失让人心痛，唤起每个人的良知和责任感，任重而道远……

请同学们想象一下，如果人人都没有了责任感，这个世界会变成什么样。

【阶段二】责任小故事

1. 几年前，美国著名心理学博士艾尔森对世界 100 名各领域的杰出人士做了一项问卷调查，结果让他十分惊讶，其中 61% 的人承认，他们所从事的职业并非他们最喜欢的，至少不是最理想的。一个人竟然能够在自己不太理想的领域里，取得那样辉煌的业绩，除了聪颖和勤奋，靠的还有什么呢？艾尔森博士又走访了多位商界英才，纽约证券公司的金领人苏珊给了他一个满意的答案。

苏珊出身于中国台北市一个音乐世家，她非常喜欢音乐，却阴差阳错地考进了大学的工商管理系，如今已是美国证券业界的风云人物。艾尔森博士问她：“你不喜欢你的专业，为何你学得那么棒？不喜欢眼下的工作，为何你又做得那么优秀？”苏珊认真回答道：“因为我在那个位置上，那里有我应尽的责任，我必须认真对待。不管是否喜欢，那都是自己必须面对的，都必须尽心尽力，那是对工作负责，也是对自己负责。

2．在大连，有一位普通的公交车驾驶员，叫黄志全，但他却被所有的大连人记在了心里。

在一次行车途中，黄志全突然心脏病发作，在生命的最后一分钟里，他做了三件事：把车缓缓地停在马路边，用生命的最后力气拉下了手动刹车闸；把车门打开，让乘客安全地下了车；将发动机关闭，确保车辆乘客和路人的安全。最后，他安详地趴在方向盘上，停止了呼吸。在生命的最后一刻，黄志全，这个平凡而普通的公交车驾驶员，把对别人的责任，看得比自己的生命还要重！

3．安徽省霍邱县的张仁春在去世前留下了120万巨额欠款，弟弟张仁强、妹妹张仁秀主动为亡兄承担债务。为了尽快还债，张仁强离开家乡来到合肥拾荒，妹妹张仁秀在家中养猪，通过几年的打拼，他和妹妹张仁秀靠收破烂和养猪，为亡兄还清了债务。

班长：无论是杰出的人士还是普通的老百姓，他们都有一颗闪光的责任心！雷锋曾说过：一个人的责任，就是使别人获得快乐。

【阶段三】分组讨论

责任大家谈：作为一名新时代的学生，我们应肩负起哪些责任呢？

努力学习的责任、孝敬父母的家庭责任、奉献社会的责任……

【阶段四】分组制作责任树

班主任指导：按照事先分好的小组进行责任树的制作，每棵树只有树干和树杈，请同学们贴上树叶。设想如果这棵树就是你，那么，这每一个树杈就代表你现在和将来要承担的一个角色，比如，这个树杈代表学生，那个树杈代表子女、父母……同学们在制作的树叶上写一些文字，例如：努力学习、孝顺父母……

在此过程中，由组长负责协调，其余人负责填写并粘贴树叶，最后选一位同学负责记录总结。各组完成自己的责任树后，请老师验收做总结。

【主题拓展与升华】班主任点评

同学们，每个人都有自己的责任，也有不同时期的责任。梁启超先生曾这样论述责任：“人生最苦的事莫苦于身上背着一种未来的责任。人生第一乐事当然就是这责任的完成。责任越重大，负责的日子越长久，到责任完了时，海阔天空，心安理得，那快乐还要加几倍。”有责任心的人，是一个成功的人，没有责任心的人，是一个失败的人！所以，希望同学们时时记得身上背负的重任，为家人，为自己，为社会负起自己的一份责任！

【主题班会结束】全班朗诵诗歌《我的责任》

【班会辅助资料】

诗歌《我的责任》
责任是人的骨架，
没了骨架，人就变成了纸马，
就变成了一幅画。
工人的责任是建造高楼大厦，
农民的责任是种出粮食、鲜花。
军人的责任是保家卫国，
教师的责任是培养“千里马”。
我的责任是友爱同学、尊敬师长，
好好学习，天天向上！

感悟、心得、体会

第三单元

心灵之约，我的职业生涯规划

导言

“职业规划要趁早，人生设计在童年。”《中庸》有言，凡事预则立，不预则废。哈佛校训：机会永远都是留给有准备的人。我们每个人都有自己独特的技能、天赋和能力。要想在当今社会有一个好的发展，首先我们要对自己的性格、特长、能力、兴趣等等有一个清楚的认识，其次要对自己的职业生涯有一个合理的规划。如果说人生是一次旅行，而规划则是一幅地图，它可以帮我们选择合理的路线，用最短的时间，走最少的弯路，到达目的地。

课时

1 课时

班会目标

1. 培养学生的职业意识和职业规划能力，帮助学生减少学习的盲目性，激发学习自觉性。
2. 使学生树立信心，合理定位，从实际出发规划未来，展望未来。
3. 使学生全面认知各种职业，帮助学生确立自己的职业生涯规划。

班会形式

视频、歌曲、互动等形式。

班会背景

“一个观念的转变，可以改变孩子的一生。”要想在选择专业和职业的时候不盲目，在职业生涯发展的道路上少走弯路，就要科学地规划自己的职业生涯。这样才能不断地鞭策自己，督促自己努力实现职业理想。

班会要点

1. 了解就业现状与前景。
2. 分析自我，确立目标。
3. 变压力为动力，开始行动。

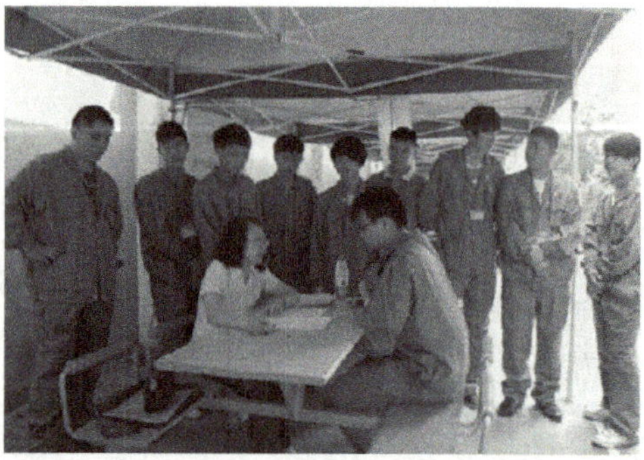

班会准备

1. 将全班分为若干组，每位同学设计一份职业生涯规划书，每组选出一份。

2. 准备歌曲《我的未来不是梦》伴奏。

3. 准备各类职业的图片、视频以及就业招聘相关视频。

班会过程

时　　间		地　　点	
主　持　人		班　　级	

【阶段一】

班主任导入：有志向，有计划，我们才能不言败。有计划，有落实，我们才能赢未来。对现实和未来充满热爱和信心，坚定战胜困难、开拓进取的决心，我们才能不言败。青春无悔，面对逆境，我们不悲观，不灰心，不惧怕，也不埋怨，要勇敢地向前走。

（看图片及视频，介绍现在职业的分类及内容）

主持人：客观地看待自己，从实际出发规划未来，才能使我们扎实前进，勇于开拓，才能使我们有愉快的心境迎接美好的未来。有位名人曾说：如果人能从事自己感兴趣的工作，那么，人生就是天堂。兴趣给人的活动过程带来的乐趣由此可见一斑。

【阶段二】

主持人：请每组将选出的职业生涯规划书进行展示宣读。

【阶段三】

播放短片，介绍招聘现场，分析就业情况，让学生认识到就业形式的严峻以及提前进行职场体验的必要性。

【阶段四】

班主任：要想让自己的职业生涯发展得比较顺利，就要做到“四定”，“四定”实际上就是解决职业生涯规划中“干什么，何处干，怎么干以及创业的稳定性”这几个最基本的问题。

一是“定向”。方向定错，则南辕北辙。通常情况下，职业方向由本人所学专业决定。但现实情况是，很多人毕业后，不能完全按自己所学专业选择工作，有的甚至与原专业风马牛不相及。这就需要认真考虑，选择适合自己的职业岗位。

二是“定点”。所谓“定点”，就是确定职业发展的地点。比如有些人毕业后选择去南方，有的则选择去边疆、大西北，这都无可厚非。正所谓人各有志。但应综合多方面因素考虑，不可心血来潮，感情用事。可以在一个地方，围绕一个职业长期稳定发展，对自己的资历和经验都会有所帮助。频繁更换地点，对职业生涯成长弊多利少。

三是“定位”。择业前要对自己的水平、能力、薪资期望、心理承受度等进行全面分析，做出较准确的定位。不可悲观，把自己定位过低。更不要高估自己，导致期望值过高。不要过分在意公司的名气和薪资的高低。确立从基层做起，逐步积累经验，谋求发展的思想理念。

四是“定心”。如果心神不定，朝三暮四，怎么能准确地做到“定向、定点、定位”？无论做什么，都需要“定心”。心不定，则事不成。

【阶段五】合唱歌曲《我的未来不是梦》

【主题拓展与升华】班主任点评

同学们，人生就像一段旅程，将职业生涯规划好，你就可以少走很多弯路。给自己制订计划和目标，所有的努力都朝着它前进，总有一天会到达。如果没有目标，漫无目的，四面突击，最终将迷失自己，迷失方向。进行职业生涯规划时要先问自己几个问题:一、我是谁？二、我想做什么？三、我能做什么？四、环境允许我做什么？五、我最终的职业目标是什么？每个人都应该好好地问问自己，制订的规划是否符合个人实际。这样，在前行的路上遇到突发事件时，就不会茫然，就不会惊慌失措。同学们，怀揣着自己的梦想前进吧，美好的明天需要我们今天的奋斗和付出。

【主题班会结束】

【班会辅助资料】

《我的未来不是梦》歌词。

感悟、心得、体会

第四单元

恋爱，待到青春飞扬时

导言

职校生正值青春期，生理和心理都在发生很大的变化，在生理上也呈现出成熟的势头。随着与父母相隔两地，友谊成为了职校生新的情感寄托，纯洁的友谊具有激励、补偿作用，但是如果不能很好地把握友谊和爱情的界限，在感情上不能理智地把握分寸，就容易陷入早恋的漩涡。因此，帮助职校生明确区分友谊和爱情，树立正确的恋爱观是非常重要的。

课时

1 课时

班会目标

1. 帮助学生了解友谊和早恋的区别，引导学生形成健康的交往观念。
2. 使学生能够正确、理智、冷静地处理早恋问题。
3. 分析早恋的弊端，明确职校生不宜早恋的观点。

班会形式

歌曲、诗歌朗诵、游戏、讲故事、讨论等形式。

班会背景

职校生大多年龄为十六、十七岁，我们喜欢用“花季”“雨季”来形容这个年龄阶段，这个时期的男女同学彼此之间会产生好奇和好感，不由自主地想去接触异性、了解异性，或取悦异性，以获得对方的青睐，甚至于会互相吸引、互相仰慕，产生爱慕之情。这本是一种正常的心理现象，但是，多数职校生心理发展尚未成熟，不能准确把握交往尺度，处理好学习与早恋的关系，导致理想磨灭，后悔终生。

班会要点

1. 歌曲表演《青苹果乐园》。
2. 游戏“右手画圆，左手画方”。
3. 讲真实的故事，班主任明确“中学生不宜早恋”。
4. 男生小合唱《窗外》，引导青少年正确对待早恋问题。
5. 诗歌朗诵《早开花的苹果树》。

班会准备

1. 主持人主持词。
2. 歌曲表演、诗歌朗诵等节目排练。
3. 准备游戏用纸、笔等物品。
4. 准备音乐伴奏带。

班会过程

时　间		地　点	
主 持 人		班　级	

【阶段一】歌曲表演：小虎队的《青苹果乐园》

主持人 1：带着对成长的依恋，对成熟的追求，我们悄悄踏上了青春的阶梯，迈入了青春的大门，早恋这个话题，我们无法抗拒，也无法回避！

主持人 2：在青春的季节里，总有一种关怀让我们心存感激，总有一种诱惑让我们难以割舍，总有一种放弃让我们泪流满面。青春是一座引导我们走向成熟的桥，也是一条我们无法留住的岁月的河。

主持人 1：早恋是青春之流中的礁石，我们要小心越过；早恋是一枚青苹果，谁采摘了就只能品尝生活的酸涩。

主持人 2：错过今天所谓的爱情，还会有明天的“芳草”，但如果辜负了青春，我们将抱憾终身。不去采摘青苹果，正是为了等待它的成熟，要知道，等待也是一种美……

主持人（合）：请听歌曲《青苹果乐园》。

（3 名同学演唱）

【阶段二】做游戏

主持人1：韩非子言：“右手画圆，左手画方，不能两成。”说的是一心难为两用，只有一心一意才能将事情做好。下面我们一起来做个小游戏。

（每位同学在白纸上先用右手画圆，肯定很容易；再用左手画方，也不难；最后一次，左手和右手同时开画，画得不成形了……）

主持人2：看看大家的画，我们都明白了一个道理，那就是做事要一心一意！“青春不是爱的季节，只是准备和学习如何去爱的阶段”。哲学家认为，人的发展规律是：出生—长身体—长知识—求职业—恋爱结婚—生儿育女—建功立业—安享晚年。我们现阶段的任务就是学知识，如果一心两用，结果就是学习和爱情都会失败。爱情之花，还是要到青春飞扬时！

【阶段三】同学讲故事并讨论

主持人1：据报道，某年2月14日情人节那天，在锡城某中职学校上学的一名16岁男学生像所有的求爱者一样，拿着玫瑰花向自己的意中人表白。不料，却遭到对方的拒绝。经过一夜的思想斗争，他还是想不通为什么会被拒绝，于是第二天便在校园内拔刀自杀。5天后，他永远闭上了双眼，带着一丝遗憾，到了另一个世界。男生的父母得知这一噩耗后，哭得死去活来，母亲当场晕厥。但是，这一切都太晚了，直到儿子离开人世，他们才意识到儿子的心理太脆弱了，这一点点的挫折就夺走了儿子宝贵的生命。

主持人2：请大家听问题并讨论：

1. 你认为这个男生因为情感受挫而自杀值得吗？（请2～3名学生发言）
2. 假如你遇到了这种情况，你会怎么做？

（请2～3名学生发言）

【阶段四】老师讲故事，明确中学生不宜早恋的观点（配乐《梁祝》）

班主任：我给同学们讲一个关乎爱情的故事：一个男孩对一个女孩说，如果我只有一碗粥，我会把一半给母亲，另一半给你，于是女孩子喜欢上了这个男孩。有一次村里发洪水，男孩忙着去救别人，而没有去救女孩，别人问他为什么，男孩说，如果她死了，我也不会独自活在这个世上。这一年女孩20岁，男孩22岁，女孩嫁给了男孩。闹饥荒的年月，两人只有一碗粥，他们互相谦让，都想让给对方，结果那碗粥三天后发了霉。那时他们分别是40岁和42岁。当他52岁那年，因家庭成分不好被批斗，50岁的她心甘情愿地陪伴着他。她告诉他：“无论有多大的苦、多大的难，你是我生命中唯一的支流，我永远是你爱的源头。”许多年过去了，他们成了70多岁的老人。在一次坐公共汽车时，有一位年轻人给他们让座，他们都不肯自己坐下而让对方站着，于是两个人紧紧靠在一起抓着扶手。这时车上所有的人都被这感人而朴素的场景感染了，齐刷刷地站了起来。充满无限敬意地看着他们，仿佛看到了他们心中的玫瑰花正在盛开，醉人的温馨里浸润着浓浓的爱意……

【心灵启示】

什么是真爱？在相爱的道路上，不管遇到怎样的情形，都会相互勉励与祝福，共同承受生活中的痛苦与磨难、幸福与快乐，一生一世。风风雨雨的人生，几十年的经历中，能谱写最真实的乐章，这就是爱情，不朽的爱情，弥足珍贵的钻石爱情。可是同学们现在还没有长大成人，不能正确地理解爱情的真谛，没有恋爱的能力，没有一生相伴的期望，只是朦胧的好感。我们付出的爱不会有收获，相反，常常因为不能正确地处理这种朦胧的关系，给我们带来一系列的麻烦：每天都处于惶惶不安之中，导致学业荒废，遭到同学们的疏远、家长的训斥和学校的处分。最终的结果是我们成为一个对“爱”不负责任的人，甚至给我们终生的感情带来不能忘却的印记。

职校生不宜早恋，因为职校生早恋具有“五个特性”。①盲目性：职校生早恋没有明确目的，他们的相恋只是不稳定情感的体现；②短期性：职校生早恋一般不会保持很长时间，短则一两周，多则不超过两年；③朦胧性：少男少女的爱是非常浪漫的，有时他们会因为相当轻浮的缘故坠入爱河；④幻想性：他们想象在对方身上集中着一种不可思议的好品质，甚至把对方的缺点当作优点，又往往夸大了这些缺点；⑤隐蔽性：职校生早恋多采用较为隐蔽的方式，如传递信件、悄悄约会等。尽管职校生试图寻找早恋的几个“解”，但现实是，早恋只有一个解——失败。究其原因，一是经济上尚未独立，事业上尚无定向；二是思想上尚未定型，心理上尚未成熟。早恋虽然不妥，但一旦发生了早恋，也并非是做了什么坏事和错事，一个人爱别人和被爱都是一件非常幸福的事情。只不过处在青春期的职校生，由于生理和心理尚不成熟，正处于求学时期，不具备处理恋爱、婚姻的各方面条件。如果真的爱一个人，就应该努力使自己各方面完善，努力使自己成就一番事业，为对方去创造各种通向幸福的条件。

我国著名教育家陶行知先生曾这样教导早恋的青少年：“每个人，无论男女，到了一定年龄是要谈恋爱，要过家庭生活的。但是，如树上的果子，是熟的好吃，还是生的好吃？像我们这里的杏子，要是没成熟就摘下来好吃吗？人就像果子，要长得成熟，有了学问，会做工作，又有养育子女的能力，就好比果子熟了，那时就可以得到真正的幸福了。要是书还没有读好，工作能力没有培养好，谈恋爱会有好处吗？”陶老的话对我们是很受用的。同学们，如果你喜欢一个人，那么就把这份感情埋藏在心里，把动力转移到学习上，等我们功成名就时再去追求自己幸福的人生！我们要为自己的感情负责！

【阶段五】男生小合唱《窗外》

主持人 1：大家对这首歌都很熟悉。这首歌中的男孩用他特殊的方式表达了他对女孩的喜爱，他把这份爱埋在心底，每天为她祝福。因为他明白爱是要付出代价的，爱是要承担责任的。

主持人 2：我们应该记住：男女交往要有度，交往范围广而不狭；交往情感喜而不痴；交往关系疏而不远。

【阶段六】诗朗诵《早开花的苹果树》

一颗苹果树正在冬天里做梦，
一阵暖风把梦儿吹醒。
它误认为春天已经来临，
急匆匆把枝头点红。
是你根部积蓄了过多的养分，
还是失去理智过于冲动？
也许是你羡慕春的美好，
竟忘记遵循时令……
冻僵的花瓣伴着残梦，
瑟缩着在寒风中飘零。
多么得不偿失啊——
减了春的光彩，
毁了秋的收成。

【主题拓展与升华】班主任点评

青春期是人的一生最关键的时期，一个人发展智力的“黄金时代”，人的一生能够有所发明，有所创造，往往是在青春期打下的基础。在男女同学的交往过程中，既要重友情，又要培养自己高尚的道德情操。

同学们，早恋有违自然规律和社会伦理，我常比喻：女生是青苹果，早熟就会腐烂，玷污自己；男生是萝卜，花心就成糟粕，情长志短。早恋酿下的恶果，稚嫩的双肩难以承受。看似美好的情感不遵循时令，留给自己的苦涩可能要用一辈子去咀嚼！留给他人的伤痛可能会影响其一生！所以，同学们一定要自爱、自强，自然交往，因为你们还没有能力去承受一份责任、一份承诺。请记住：恋爱，待到青春飞扬时！

【主题班会结束】

【班会辅助资料】

1. 《青苹果乐园》《窗外》《梁祝》伴奏乐。
2. 诗朗诵《早开花的苹果树》。

感悟、心得、体会

第五单元

弘扬五四精神，让青春在职校闪光

导言

1919年5月4日，是中华民族记忆中具有历史意义的一天。从1840年鸦片战争开始，中国步入了半殖民地半封建社会，苦难的中国人民成为西方列强盘剥的对象，三座大山重重地压在劳苦大众的肩头，在这个大的历史背景下，五四运动成为近代中国极具影响力的事件，它不仅仅是一场政治事件，更是一场思想和价值体系的重新定位，这是一个民族精神崛起的重要时刻。五四运动弘扬了一种精神，倡导了全新的文化，尤其是倡导的民主和科学，成为几代人的共同奋斗理念和矢志不渝的追求。

课时

1课时

班会目标

1. 让学生了解五四青年节的由来和五四运动的精神及历史意义。
2. 培养学生爱国、民主、科学、进步的精神。

3．激励学生树立远大理想，要勤奋学习，勇于实践。

班会形式

讨论、知识问答、视频展示、大合唱等形式。

班会背景

五月的春风情深意暖，五月的花海流溢飘香。今天，我们再次迎来了五四青年节。前赴后继的优秀青年为中国的复兴与发展作出了卓越贡献。有的学生还不了解这一段历史，更不了解这段历史和五四精神给中国带来的巨大变化。面对今天的学习和生活，我们又该如何去做呢?

班会要点

1．了解历史背景，播放五四运动时期的相关视频。
2．五四运动知识问答。
3．青少年畅谈理想。
4．播放入团宣誓视频。
5．歌曲合唱中国共青团团歌《光荣啊！中国共青团》。

班会准备

1．主持人主持词。
2．五四运动相关视频、资料的收集整理。
3．关于五四运动的相关知识学习（课前安排学习）。
4．学生入团宣誓的视频搜集。
5．歌曲练习。

班会过程

时　　间		地　　点	
主 持 人		班　　级	

【阶段一】了解历史背景，观看视频

主持人（合）：尊敬的老师、亲爱的同学们，大家下午好！

主持人1：今天我们迎来了自己的节日——五四青年节。青年代表着青春，青年代表着历史责任，五四让我们想起了90多年前的那段峥嵘岁月。

主持人2：那是一段激情昂扬的历史，那是一首荡气回肠的战歌，那是打破封建专制和愚昧的呐喊，那是一个民族走向觉醒的宣言！

主持人1：今天我们在这里隆重集会，动员和号召全体同学以五四青年为榜样，在日常生活和学习中继承五四光荣传统，弘扬五四精神，展现××班青年的风采，肩负起个人发展和为母校争光的重任。

主持人2：1919年1月18日，战胜国在巴黎召开“和平会议”。北洋政府竟然准备在“合约”上签字，消息传来，激起中国人民的强烈愤慨，爆发了以学生运动为先导的五四爱国运动。

下面就让我们一起来回顾那段难忘的历史。

（播放五四运动时期的相关视频）

【阶段二】五四知识问答

主持人 1：尽管时光飞逝，但我们都会牢牢记住那个扣人心弦、轰轰烈烈的年代。下面我们要进行的是五四知识小问答环节，希望大家踊跃回答。

1．“五四”运动的主要口号是什么？（外争国权，内惩国贼）

2．当时强烈要求惩办的 3 个国贼是谁？（曹汝霖，陆宗舆，章宗祥）

3．“五四”爱国运动大体经历了哪两个阶段？两个阶段运动的中心、主力军和主要形式分别是什么？（从 5 月 4 日天安门集会到 6 月 3 日大逮捕为止，北京青年学生，学生罢课集会。从 6 月 3 日大逮捕到 6 月 28 日拒签和约，上海工人阶级，罢工、罢市、罢课）

4．“五四”运动标志着什么？（中国革命进入新民主主义革命或中国新民主主义革命的开端）

5．能否对“五四”运动的历史意义作一个比较详细的说明？（五四运动是 1919 年 5 月 4 日在北京爆发的中国人民彻底反对帝国主义、封建主义的爱国运动。五四运动标志着中国旧民主主义革命的结束和新民主主义革命的开端。五四运动是中国革命史上划时代的事件，是中国旧民主主义革命到新民主主义革命的转折点。五四运动促进了马克思主义在中国的传播及其与工人运动的结合，从而在思想上和人员上为中国共产党的建立准备了条件）

6．五四青年节是什么时间确定的？（1949 年 12 月，中国中央人民政府政务院正式宣布 5 月 4 日为中国青年节，又称“五四青年节”）

7．五四精神的核心内容是什么？（爱国、进步、民主、科学）

【阶段三】青年畅谈理想

主持人 2：面对五四的光辉历史，面对列强对我们的歧视，每一个青年都在深思，我们应该从五四精神中汲取前进的力量。

主持人 1：展望未来，每一个青年都在畅想，我们在新世纪的发展征程中应该树立怎样的远大理想？

（同学发言，从如何做人，如何学习，如何生活，如何做一名高素质、高技能的综合型人才等方面畅谈）

主持人 2：曾几何时，我们立下誓言；曾几何时，我们内心澎湃。加入中国共产主义青年团，是一件多么令人自豪的事。

主持人 1：下面请看学生入团宣誓及学习团章的视频。

【阶段四】合唱歌曲中国共青团团歌《光荣啊！中国共青团》

【主题拓展与升华】班主任点评

1919 年的 5 月 4 日，一群爱国青年发动了一场惊天动地的爱国运动。他们的爱国行为创造了“爱国、进步、民主、科学”的五四精神，这笔宝贵的精神财富经由代代青年相传至今。作为当代职校生，你们要继承和弘扬五四精神，遵守校规校纪，学好专业技能和本领，为个人发展和国家振兴努力拼搏。珍惜在校的每一天，诚实做人，踏实做事，为构建和谐校园而努力学习，为中华民族的伟大复兴奉献自己的青春、智慧和力量。希望通过此次班会，每位同学都能认真体会五四精神，并赋予五四精神新的时代内涵，让这种民族的优秀精神得以代代相传！

【班会辅助资料】

1. 五四运动相关资料。

2. 中国共青团团歌《光荣啊！中国共青团》歌词。

我们是五月的花海，
用青春拥抱时代；
我们是初升的太阳，
用生命点燃未来。
“五四”的火炬，
唤起了民族的觉醒。
壮丽的事业，
激励着我们继往开来。
光荣啊，中国共青团，
光荣啊，中国共青团，
母亲用共产主义为我们命名，
我们开创新的世界。

感悟、心得、体会

第六单元

感恩父母——谁言寸草心，报得三春晖

导言

风是爱的呼唤，雨是情的交融，最爱你的人、最关心你的人、最牵挂你的人永远是父母。世界上有一种爱，任你肆意地索取，却从不需要报答，这种爱就是父母之爱。“慈母手中线，游子身上衣。临行密密缝，意恐迟迟归。谁言寸草心，报得三春晖。”同学们，父爱如山，母爱如水！作为儿女，我们该如何报答父母的养育之恩呢？

课时

1课时

班会目标

1. 让学生了解父母之爱，感受父母之情，体验亲情的无私和伟大，懂得为什么要感恩父母。

2. 让学生学会如何去理解父母、尊敬父母、体谅关心父母，学会与父母交流沟通，与父母和谐相处。

3. 以自己的实际行动来回报父母，让父母放心。

4. 让学生从感恩父母升华到感恩身边每一个人，成为有责任感的人。

班会形式

诗歌朗诵、游戏歌曲表演、讨论等形式。

班会背景

“孝道”与“感恩”是中华民族的传统美德，“哀哀父母，生我劬（qú）劳”，然而，我们中有不少同学依然在思想上以自我为中心，生活上不能自立，花钱大手大脚，不体谅父母的苦心，而且经常顶撞父母，与父母存在隔阂，甚至打架斗殴，让父母担惊受怕。希望今天的“感恩父母”主题班会，能感染、点化学生，把隐藏在学生心底的对父母的真情真爱激发出来，使学生明白感恩父母的意义，学会用行动感恩、孝敬父母。

班会要点

1. 配乐诗朗诵《母亲颂》。
2. 讲故事《父爱》。
3. 同学的动人故事分享。
4. 游戏：关于对父母的了解程度的测试。
5. 同学代表表决心：以行动孝敬父母。
6. 合唱歌曲《母亲》。

班会准备

1. 主持人主持词。
2. 制作 PPT 课件：包括有关母爱、父爱的照片、故事、名言及相关资料。
3. 准备配乐诗朗诵的伴奏带等。
4. 歌曲练习。

班会过程

时　间		地　点	
主 持 人		班　级	

【阶段一】主题导入

主持人 1：有一种情无论走多远，也不会被路程阻拦。

主持人 2：有一份爱无论过多久，也不会被时间冲淡。
主持人 1：那是母亲的情，像阳光温暖着我们的视线。
主持人 2：那是父亲的爱，像月光照亮在我们的窗前。
主持人 1：儿女是父母放不下的思念，父母是儿女割不断的牵连。
主持人 2：儿女是父母一生最宝贵的字眼，父母是儿女眼中最美丽的春天。
合：“感恩父母——谁言寸草心，报得三春晖”主题班会现在开始。

【阶段二】配乐诗朗诵《母亲颂》

主持人 1：（音乐开始）请欣赏配乐诗朗诵《母亲颂》。

母亲颂

襁褓时，母亲的甘甜乳汁，是滋润肌肤的甘露；
孩提时，母亲的苦涩汗水，是浇灌心田的清泉。
求学时，母亲的耐心诱导，是启动灵感的马达，
困惑时，母亲的殷切教诲，是拨正航向的罗盘。
失足时，母亲的善意规劝，是迷途知返的路标，
成功时，母亲的热情鼓励，是乘胜前进的风帆。
攻关时，母亲的积极鞭策，是攀登要隘的阶梯，
拼搏时，母亲的大力支持，是冲越激流的航船。
挫折时，母亲的亲切关怀，是闯出困境的号角，
患病时，母亲的精心护理，是战胜苦痛的灵丹。
困倦时，母亲的爱心，是安然入梦的摇篮，
疲惫时，母亲的怀抱，是停泊小憩的港湾。
无论送走多少年华，难忘母亲叮咛的话；
无论走到海角天涯，祝福您啊，亲爱的妈妈！

【阶段三】故事分享

主持人 2：是啊，母爱是世界上最伟大最无私的爱，现在就请同学们说出“母亲”这个单词用英语怎么说？（同学答：mother）

主持人 2：那么，mother 的寓意是什么呢？我来给大家解释一下。

“M”是指 million，代表她所给予我的无数；“O”是指 old，说明她在日渐老去；“T”是指 tears，是她为抚育我洒下的泪；“H”是指 heart，指她有像金子一般的心灵；“E”是指 eyes，就是她的眼睛，里面洋溢着爱的光芒；“R”是指 right，因为她永远都是对的。这几个字母连起来就是 mother。

主持人 1：是啊，母爱如水，滋润我生长；父爱如山，为我遮风挡雨。下面请 ×× 同学给大家讲一个关于父爱的故事。

父爱

1948 年，在一艘横渡大西洋的船上，有一位父亲带着他的小女儿，去和身在美国的妻子会合。一天早上，男人正在船舱里削苹果，船却突然剧烈地摇晃起来，刀子滑落在他的衣服上。男人跌坐在地，全身颤抖，嘴唇瞬间乌白。6 岁的女儿被父亲瞬间的变化吓坏了，尖叫着扑过来想要扶他，他却微笑着推开女儿的手：“没事，只是摔了一跤。”然后，他轻轻地拾起刀子，很慢很慢地爬起来，偷偷地用大拇指揩去了刀锋上的血迹。随后的三天，男人照常每晚为女儿唱摇篮曲，早晨替她系好美丽的蝴蝶结，带她去看蔚蓝的大海，仿佛一切如常。抵达美国

的前夜，男人来到女儿身边，对女儿说："明天见到妈妈的时候，请告诉妈妈，我爱她！"船到了纽约港，女儿一眼便在熙熙攘攘的人群里认出母亲，她大喊一声："妈妈……"忽然周围一片惊呼，她回过头，看到父亲已经仰面倒下，胸口血如井喷，刹那间染红了整个上衣。

尸解的结果让所有人惊呆了：那把刀无比精确地洞穿了他的心脏，他却多活了三天，而且没被任何人觉察。唯一可能的解释是因为创口小，使得被切断的心肌依原样贴在一起，维持了三天的供血。这是医学史上不可多得的奇迹。医学会议上，有人说要称它为大西洋奇迹，有人建议以死者的名字命名，还有人说要叫它神迹。

"够了，"一位坐在首席的老医生，须发俱白，皱纹里满是人生的智慧，此刻一声大喝，然后一字一顿地说："这个奇迹的名字，叫做父爱。"

主持人 2：听完这个故事，我被深深地打动了；我想起了发生在我们中华大地上的一个类似的故事。

那是一天深夜，一场突如其来的特大泥石流吞没了小山村。次日，当救援人员循着哭声刨开泥土，掀开屋顶，发现一个光着身蜷缩在屋梁下的两三岁的小女孩竟然活着。救援人员赶紧将小女孩抱出来，可她死活都不肯离开，用小手指着自己下方哭喊着："妈妈，妈妈！"救援人员沿着隐约露出的一双泥手小心翼翼地往下刨，眼前现出一幅惊心动魄的画面：一个半身赤裸的女人，呈站立姿势，双手高高举过头顶，仿佛一尊举重运动员的雕塑……那女人竟是一个盲人，身体早已僵硬。而她的身下，又刨出一个昂首挺立的男人！女人正是站在男人肩上，双手高举小女孩，使小女孩奇迹般地成为这场泥石流中唯一的幸存者！

主持人 1：这世间，唯有父母之爱是心甘情愿，不求回报的。生死攸关的时候，他们总是义无反顾地舍弃自我，把生的希望留给儿女。这就是父母对于子女之爱的最佳诠释。

【阶段四】分享爱的故事

主持人 2：每一位同学都是在父母的呵护下长大的，每个人也都有着自己的感受，下面请大家讲讲自己和父母的动人故事。

（请2～3名同学讲讲父母爱自己的实例及亲身感受，其余同学都说一句对父母的真诚祝愿）

【阶段五】自我测试

主持人 2：可以看出，同学们都深爱着自己的父母，但我们有多了解自己的父母呢？现在请大家看屏幕上的测试题，进行自我测试。

① 爸爸妈妈最喜欢吃的食物是什么？爸爸妈妈的身体状况如何？
② 你爸爸妈妈的生日分别在哪一天？
③ 你是否生活节俭，做到有计划地花钱？
④ 你在家是否会帮父母做力所能及的家务，减轻父母负担？
⑤ 你平时有心事时会主动和父母说吗？经常与父母聊天吗？
⑥ 你外出时是否会征求父母同意？并把去向和回家时间告知父母？
⑦ 在校期间你是否努力学习，并经常主动向父母汇报自己在学校的学习和生活情况？
⑧ 你是否能够包容父母的唠叨？

主持人 1：相信大家都有了自己的测试结果，父母对我们的牵挂和付出永远都多于我们对他们的感恩和报答，而我们在学校却还时常让他们操心甚至担惊受怕。作为子女，我们应该如何用实际行动来报答我们的爸爸妈妈呢？

（请 2～3 个同学发言）

【主题拓展与升华】班主任点评

同学们，感恩是人类最朴实的情感表达，是社会道德和社会和谐的基本要求；孝道是人类品德形成的基础，只有真心爱父母，才能真正做到爱人爱己并被人们和社会所接纳；只有做到心存感恩，才能让自己的人生迸发出爱的光辉；只有懂得孝敬父母的人，才算是一个完整的人；让我们把感恩父母落实到行动上，一定要做一个敢于担当、有所作为的人，以报答父母的养育之恩。

【主题班会结束】合唱歌曲《母亲》

【班会辅助资料】

1．朗诵、歌曲伴奏乐。

2．歌曲《母亲》歌词。

母亲

你入学的新书包，有人给你拿；
你雨中的花折伞，有人给你打；
你爱吃的（那）三鲜馅，有人（她）给你包；
你委屈的泪花，有人给你擦。
啊，这个人就是娘，啊，这个人就是妈！
这个人给了我生命，给我一个家；
啊，不管你走多远，无论你在干啥，
到什么时候也离不开咱的妈！
你身在（那）他乡住，有人在牵挂；
你回到（那）家里边，有人沏热茶；
你躺在（那）病床上，有人她掉眼泪；
你露出（那）笑容时，有人乐开花。
啊，这个人就是娘，啊，这个人就是妈！
这个人给了我生命，给我一个家；
啊，不管你多富有，无论你官多大，
到什么时候也不能忘咱的妈！
啊，这个人就是娘，
啊，这个人就是妈，
这个人给了我生命，给我一个家；
啊，不管你多富有，无论你官多大，
到什么时候也不能忘咱的妈！

感悟、心得、体会

第七单元

态度决定一切

导言

“态度决定一切”“细节决定成败”，要想取得成功，态度至关重要，态度端正方能积跬步至千里，积小流成江海。影响我们命运的不是环境，不是条件，不是文凭，不是出身，而是态度。态度决定了你的行为，态度决定了事情的成败，态度决定了一切！

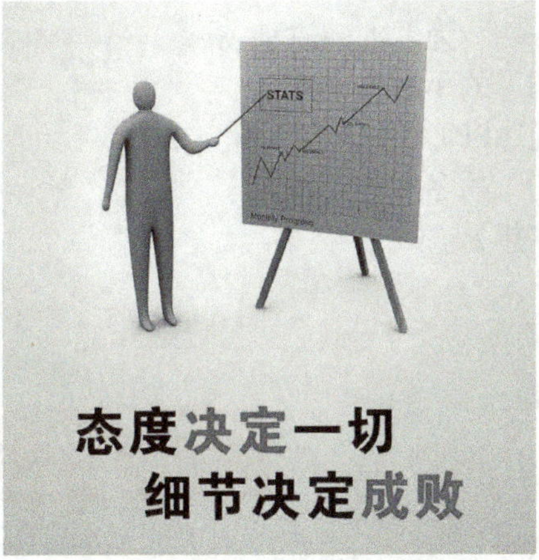

课时

1 课时

班会目标

1．使学生了解态度对学习和生活的影响，培养正确的学习态度，树立学生的自信心，积极应对各种挑战。

2．使学生明白态度可以改变一个人的命运，面对挫折和逆境时要积极面对，培养务实、积极的良好生活态度。

班会形式

讲故事、讨论、歌曲表演等形式。

班会背景

态度是一个人对他人、对事物比较持久的肯定或否定的内在反应倾向，它影响着个人对事件的定向选择。对于职业院校的学生来说，首先要端正学习态度，人生才能有一个好的开始，因此进行态度教育是非常有必要的。对学习持肯定态度的学生，会有较强的学习愿望，能够自觉地学习，从而获得较高的学习效率。在生活上若能有积极的人生态度，那么就能较好地面对困难和挫折。

班会要点

1. 讲述3个和态度相关的小故事及心灵启示。
2. 通过有趣的计算题来论证心态的重要性。
3. 讨论作为一名中职生应该具备的学习态度和工作态度。
4. 合唱歌曲《最初的梦想》。

班会准备

1. 主持人主持词。
2. 准备以“态度决定一切”为题的演讲稿。
3. 练习“态度决定一切”的小故事讲述。
4. 制作“有趣的计算题”PPT课件。
5. 搜集“态度决定一切”的名言警句。
6. 练习歌曲《最初的梦想》。

班会过程

时　间		地　点	
主 持 人		班　级	

【阶段一】讲故事，谈感受

主持人1：草，对春的态度是拱土而出；花，对夏的态度是翘首怒放；叶，对秋的态度是归根寻母；木，对冬的态度是休养蛰伏。这一个个态度决定了四季的美景。

主持人2：失明的双目无法阻挡海伦·凯勒用对生活的热爱观察世界；不健全的大脑无法遏制舟舟用对未来的憧憬指挥交响乐；贫困的家境无法困住志坚者飞出的翅膀；低微的出身无法绑牢心高者跨越的步伐。不同的人用不同的态度面对现实，结出不同的果实。

主持人1：对一座山，有人说会修满山坟茔；有人说会种满山绿树。于是，上帝给了乐观者勇气，给了悲观者眼泪。

主持人2：生活在平淡中进行，你的态度决定了你要过怎样的生活。你可以抱怨，只因今天阴雨绵绵；你也可以安慰，因为花草树木得到了浇灌。你可以哭泣，只因玫瑰花下有刺；你也可以微笑，因为刺的上方怒放着娇艳的玫瑰。你可以满腹牢骚，因为你不得不辛勤工作；你也可以庆幸，因为至少你还有工作。

主持人1：漫漫人生旅途，或有上帝垂青，或有灾难降临。态度在此时决定了今后的人生走向，决定了未来的一切。同学们，我们应该以什么样的态度对待我们的人生呢？

主持人 2：下面我宣布“态度决定一切”主题班会现在开始。

主持人 1：请听 ×× 同学为大家带来的小故事。

故事一：三个泥瓦匠

有个人经过一个建筑工地，问那里的建筑工人们在干什么？3 个工人有 3 个不同的回答。第一个工人回答：“我正在砌一堵墙。”第二个工人回答：“我正在盖一座大楼。”第三个工人回答：“我正在建造一座城市。”10 年以后，第一个工人还在砌墙，第二个工人成了建筑工地的管理者，第三个工人则成了这个城市的领导者。

【心灵启示】

思想有多远，我们就能走多远。在同一条起跑线上，态度决定一切，要用美好的心情感触生活！你手头的小工作其实正是大事业的开始，能否意识到这一点决定着你能否做成一项大事业。如果都像第一个人，愁苦地面对自己的工作，再好的工作也不会有什么成效。而成功的人却总是目光远大，有理想，有自己的人生奋斗目标，不会只因眼前的困境而怨天尤人。在平凡中感知不平凡，在简单中构筑自己的梦想，就一定会成功！

故事二：生命之壶

许多年以前，在大西洋上一艘遇难的船中，杰克逊等 7 人被困，人们在恐慌中拼命争抢维系生命的食物。杰克逊认为：此时食物并非是第一位的，重要的应该是淡水，于是，他把一只水壶紧紧抱在怀中。6 个伙伴发现其他的容器中都没有淡水，便蜂拥而至，欲抢夺这只水壶，杰克逊抽出手枪，义正言辞地告诉所有的难友：“这壶水是属于我们大家共同拥有的，不到生命垂危的时候任何人也不得饮用。”7 个人都虎视眈眈地盯着这只救命水壶，生怕一不注意被谁偷喝了壶中的水。在第六天的晚上，一艘过往船只搭救了船上已昏迷的人们，苏醒后，人们发现杰克逊手中的手枪是假的，他死死抱在怀中的水壶也是空的。事后，杰克逊告诉人们：就是这只空空的水壶，赋予了我们生的希望，坚定了我们活下来的信心。

【心灵启示】

失去希望和信心，人们就会丧失勇气和斗志；失去希望和信心，人们就会由失望变成绝望，丧失创造人间奇迹的一切可能。

故事三：青蛙攀爬比赛

从前，有一群青蛙组织了一场攀爬比赛，比赛的终点是一个非常高的铁塔的塔顶。一大群青蛙围在铁塔周围，给它们加油，比赛开始了。

事实上，群蛙中没有谁相信这些小小的青蛙会到达塔顶，它们都在议论：“这太难了！它们肯定到不了塔顶！”“他们绝不可能成功的，塔太高了！”听到这些，一只接一只的青蛙开始泄气了，除了那些情绪高涨的几只还在往上爬。群蛙继续喊着：“这太难了！没有谁能爬上塔顶的！”

越来越多的青蛙累坏了，退出了比赛。但有一只却还在继续，它越爬越高，没有一点要放弃的意思。最后，其他所有的青蛙都退出了比赛，除了它。它成为了唯一一只到达塔顶的胜利者。其他所有的青蛙都想知道它是怎么成功的，有一只青蛙跑上前去问那位胜利者的成功秘诀。结果，它发现这只青蛙是个聋子！

【心灵启示】

永远不要听信那些习惯用消极、悲观的心态看问题的人，因为他们只会粉碎你内心最美好的梦想与希望！要记住你所听到的充满力量的话语，保持积极、乐观的心态！最重要的是，当有人告诉你你的梦想不可能成真时，你要变成“聋子”，对此充耳不闻！时刻记住：我一定能做到！

【阶段二】有趣的计算题（老师讲解）

如果令 A、B、C、D、E、F、G、H、I、J、K、L、M、N、O、P、Q、R、S、T、U、V、W、X、Y、Z

分别等于 1、2、3、4、5、6、7、8、9、10、11、12、13、14、15、16、17、18、19、20、21、22、23、24、25、26、

那么：

一、Hard work（努力工作）

H+A+R+D+W+O+R+K=8+1+18+4+23+15+18+11=98

二、Knowledge（知识）

K+N+O+W+L+E+D+G+E=11+14+15+23+12+5+4+7+5=96

三、Love（爱情）

L+O+V+E=12+15+22+5=54

四、Luck（好运）

L+U+C+K=12+21+3+11=47

看出来了吗？

这些我们通常认为重要的东西往往并不是最重要的。那么，什么可以让生活变得圆满？

五、是 Money（金钱）吗？

不 !M+O+N+E+Y=13+15+14+5+25=72

六、是 Leadership（领导能力）吗？

不 !L+E+A+D+E+R+S+H+I+P=12+5+1+4+5+18+19+9+16=89

金钱和权力都不能使生活变得圆满，到底什么能使我们的生活变成 100% 的圆满呢？

只要你把目光放得远一点！就会发现，真正能使我们生活圆满的东西就在自己身上！

七、Attitude（心态）

A+T+T+I+T+U+D+E=1+20+20+9+20+21+4+5=100

唯有我们对待工作、学习的积极态度，才能使我们的生活达到 100% 的圆满！

你用什么样的态度看待世界，你就会得到什么样的世界！

【阶段三】心态影响能力，能力改变命运

主持人 1：有这么一个民间故事，说的是西邻有 5 个儿子，老大老实，老二机灵，老三瞎眼，老四驼背，老五跛足。这一家真够凄惨的。但这位西邻却很懂得改变对现实的态度和看法，他让老实者务农，机灵者经商，眼瞎者按摩，背驼者搓绳，足跛者纺线。结果全家衣食无忧，其乐融融。这个故事的题目就叫“西邻五子食不愁”。

主持人 2：一个武士问一个老禅师：“师父，请问什么是天堂，什么是地狱？”老禅师轻蔑地看了他一眼，说：“你不过是个粗鄙低下的人，我没时间跟你论道。”武士恼羞成怒，嗖地拔出刀，把刀架在老禅师的脖子上，大声吼道：“老头无礼，我要杀了你！”老禅师平静地说：“这就是地狱。”武士恍然大悟，心平气和地纳剑入鞘，鞠躬感谢禅师的指点。禅师说：“这就是天堂。”

【心灵启示】

心态影响人的能力，能力改变人的命运。生命的质量取决于你每天的心态。如果你能保证眼下心情好，你就能保证今天都有好心情，如果你能保证每天心情好，你就会获得更好的生命质量，体验别人无法体验的靓丽生活。

【阶段四】思考分组讨论

思考：你想要用什么样的态度来对待自己的人生呢？

分组讨论：围绕有关学习态度和面对挫折的态度问题进行讨论。

题目：

（1）为什么选择职业院校？

（2）学习成绩不理想，应该怎样提高？

（3）受到父母老师的批评时，应该怎样对待？

（4）生活中遇到挫折时，应怎样处理？

（5）作为一名中职学生，我们应该如何培养良好的学习态度？

主持人 2：要想获得成功，我们应该从现在做起。你改变不了环境，但可以改变自己；你改变不了事实，但可以改变态度；你改变不了过去，但可以改变现在；你不能控制他人，但可以掌握自己；你不能样样顺利，但可以事事尽心；你不能左右天气，但可以改变心情；

你不能选择容貌，但可以展现笑容；你不能预知明天，但可以用好今天。你不能改变别人，你只能改变自己！

【阶段五】名言警句大家说

1．学然后知不足，教然后知困。知不足，然后能自反也；知困，然后能自强也。——孔子《礼记·学记》

2．生命的本质在于追求快乐，使得生命快乐的途径有两条：第一，发现使你快乐的时光，增加它；第二，发现使你不快乐的时光，减少它。——亚里士多德

3．用积极的思维对待人和事，凡事多往好处想。

4．充满热情和朝气，真心地、习惯性地帮助别人。

5．迅速控制和转变消极情绪。

【主题拓展与升华】班主任点评

同学们，态度是世界上最神奇的力量，它栖息于思想深处，左右着我们的思维和判断，控制着我们的情感与行动。一个人的生活状态、人生方向完全受控于其生存态度的牵引。用什么样的态度对待生活，就有什么样的生活现实。积极的态度可以使我们到达人生的顶峰，尽享成功的快乐和美好，消极的态度会使我们一生陷于困难与不幸之中。态度影响着我们的事业、生活、组织，甚至是社会。

塞翁对失马的淡然处之，毛主席的名言“胜不骄，败不馁”，一个换取了更多的马匹，一个缔造了新中国。仲永对才华的骄傲自满，梵·高对生活的消极黯然，一个由天才沦为庸才，一个用手枪结束了自己年轻的生命。决定成败的往往并不是个人的能力，而是工作的态度；改变命运的往往并不是什么机遇，而是生活的态度；有什么样的态度，就有什么样的人生，态度决定一切！

同学们，播种一种行动，收获一种习惯；播种一种习惯，收获一种性格；播种一种性格，收获一种命运。

【主题班会结束】合唱歌曲《最初的梦想》

【班会辅助资料】

1．有关“态度决定一切”的小故事。

2．《最初的梦想》歌词。

如果骄傲没被现实大海冷冷拍下
又怎会懂得要多努力
才走得到远方
如果梦想不曾坠落悬崖
千钧一发
又怎会晓得执着的人
拥有隐形翅膀
把眼泪装在心上
会开出勇敢的花
可以在疲惫的时光
闭上眼睛闻到一种芬芳

沮丧时总会明显感到
孤独的重量
多渴望懂得的人
给些温暖借个肩膀
很高兴一路上
我们的默契那么长
穿过风又绕个弯
心还连着像往常一样
最初的梦想紧握在手上
最想要去的地方
怎么能在半路就返航

就像好好睡了一夜直到天亮
又能边走着边哼着歌
用轻快的步伐
最初的梦想绝对会到达
实现了真的渴望
才能够算到过了天堂

感悟、心得、体会

第八单元

改变，从阅读开始

导言

“世界图书与版权日”，又称为“世界图书日”，最初的创意来自于国际出版商协会。联合国教科文组织在 1972 年向全世界发出“走向阅读社会”的呼吁，号召社会成员人人读书，使读书成为每个人日常生活中不可或缺的一部分。1995 年，联合国教科文组织宣布 4 月 23 日为“世界读书日”。

我们呼唤阅读，是因为真正的生活是从阅读和思考开始的。正确地阅读人生，平静地思考人生，然后重新审视自己，审视生活，发现自己的浅薄、浮躁、迷惘，为创造一种新生活而不懈努力，不管遇到多大困难都决不妥协。阅读与思考能赋予人在生活中最重要的能力——洞察真相的能力。面对各种诱惑与假象，不会轻易为外物左右而迷失自己，牢牢把握住自己生命中最重要的东西。这样的生活品质是任何以外在的、物质的标准所难以衡量、难以比拟的。

阅读是改变一个人，改变一个民族，改变一个国家，改变一个城市的非常重要的活动。

课时

1 课时

班会目标

1. 激发学生阅读的兴趣，培养浓厚的班级阅读氛围。
2. 养成好读书、会读书的良好习惯。
3. 丰富学生的精神生活，搭建学生阅读交流的平台，促进学生综合素质的和谐发展。

班会形式

诵读、讨论等形式。

班会背景

部分学生学习漫无目的，不知道为什么要阅读，为了谁而阅读，无法体会阅读的乐趣与幸福，更体会不到“知识就是力量”“知识改变命运”的道理。

班会要点

1. 浏览班级读书角的图书。
2. 搜集整理贫困地区孩子认真读书，刻苦学习的图片和视频，并做成 PPT 课件。
3. 列举名人关于读书的名言。
4. 讨论我们应该读什么书和怎样读好书。
5. 推荐适合中职学生的图书。
6. 齐诵《读书歌》。

班会准备

1. 主持人主持词。
2. 儿歌《读书郎》伴奏带。
3. 课前要完善班级读书角，布置相关书籍。（每位同学捐献一本书）
4. 搜集贫困学子读书求学的故事。
5. 制作 PPT 课件。

班会过程

时　间		地　点	
主 持 人		班　级	

【阶段一】为什么读书

（播放儿歌《读书歌》）

主持人 1：同学们，我们都听过这首儿歌吧？这首歌谣告诉我们从小就应该好读书，读好书！

主持人 2：高尔基曾经说过，书籍是人类进步的阶梯。

主持人 1：阅读让我们和伟人交谈，文学巨匠鲁迅、茅盾，地质学家李四光，数学家华罗庚、陈景润，大发明家爱迪生仿佛来到我们身边……

主持人 2：书籍是一叶轻舟，载我们前往浩瀚的知识海洋。

主持人 1：书籍是一壶陈酒，让我们细品前人的余香。

主持人 2：书籍让我们快乐、放松。

主持人 1：书籍让我们充满智慧。

主持人 2：阅读的好处有很多，可以使我们增长见识，可以提高我们的阅读能力和写作水平。

主持人 1：阅读可以使我们有修养；阅读可以使我们在竞争激烈的社会中立于不败之地。

主持人 2：阅读可以让我们励志，读一些有关历史的书籍，可以激起我们的爱国热情；

读一些有关写作的书籍，能提高我们的写作水平。

主持人1：认真要想在知识的山峰上登得更高，眼前展现的景色更壮阔，就要拥有渊博的知识。

主持人2：知识是人类通向进步、文明和发展的阶梯，书籍是我们获取知识的源泉。我们要想让自己变得聪明起来，必须多读书，读好书！

（播放贫困地区孩子认真读书，刻苦学习的图片和视频）

【阶段二】读什么书

主持人1：阅读改变人生，读书就是希望。一个个贫困家庭的孩子，一双双渴望知识的眼神，激励着我们更要刻苦学习。

主持人2：我们不仅应该好好读书，更应该选择一些适合我们年龄和时代发展的好书。

下面请看读书角，看看大家为我们带来了哪些有益的书籍。

主持人1：作为一名中职生，我们应该选择哪些种类的书籍呢？

（学生讨论后进行归纳，班主任适当推荐一些书目）

班主任：一是包括历史在内的真实客观的资讯、时事类图书。了解自己所在的世界环境发生过什么，正在发生什么，总结规律，发现规则，形成独立思考的能力。多方面汲取知识，了解资讯。开阔视野，信息就是机会。二是名著经典、人物传记，这类书能够帮助我们认清自己，思考人生，正确看待周围。名著经典具有跨越时代的价值，深刻的哲理可以给予我们指引。在书中描写的际遇中思考，认清自己，更好地把握人生，做出选择。

主持人2：相信有了同学们的分享和老师的推荐，我们可以调整一下自己阅读的内容、范围和层次，让书籍成为我们真正的朋友，让书籍点燃我们智慧的明灯！

☆经典阅读（举例）：

中国文学名著：

《红楼梦》《西游记》《水浒传》《三国演义》《诗经》《论语》《史记》《战国策》《朝花夕拾》《骆驼祥子》《呐喊》《子夜》《家》《雷雨》《围城》……

外国文学名著：

《钢铁是怎样炼成的》《战争与和平》《悲惨世界》《呼啸山庄》《飘》《美的历程》《巴黎圣母院》《简·爱》《少年维特之烦恼》《鲁滨孙漂流记》《格列佛游记》《童年》《哈姆雷特》《堂·吉诃德》《复活》《欧也妮·葛朗台》《普希金诗选》《泰戈尔诗选》……

【阶段三】怎样读书

主持人1：朱熹在《训学斋规》中提到，读书有三到，谓心到，眼到，口到。心不在此，则眼看不仔细，心眼既不专一，却只漫浪诵读，决不能记，记不能久也。三到之中，心到最急，心既到矣，眼口岂不到乎？

主持人2：这段话的意思就是说，读书有“三到”，说的是“心到”（专心致志）、“眼到”（仔细阅读）、“口到”（勤于朗诵）。如果没有把心放在书上，眼睛就看不仔细。心思与眼力不专一，就会随随便便，漫不经心地诵读，绝对记不住知识，就算记住也不会长久。“三到”中，“心到”最重要。心思如果专一了，眼（阅读）和口（记诵）还有不专一的道理吗？

主持人1：读书角是老师为我们搭建的读书平台，今后每周三下午就是班级同学读书交流的时间，我们可以交流一周的读书摘抄、阅读心得，就阅读中的热点问题展开讨论。

【主题拓展与升华】班主任点评

阅读改变人生，你们阅读的书越多，知识就越广阔。阅读，使你们从一个无知的孩童成长为一个懂得科学知识和专业技术的青少年。阅读，使你们有了理想，有了正确的人生观和世界观。阅读就是希望，青少年是国家的栋梁，要想有所作为，就必须刻苦读书。“少壮不努力，老大徒伤悲。”同学们，你们一定要记住，趁着青春的大好时光，努力学习吧！希望大家通过这次班会，能够养成阅读的好习惯，多读好书，从阅读中收获知识和智慧。进而改变我们自己，改变我们的生活，改变我们的社会，改变我们的世界。

【主题班会结束】全班同学齐诵《读书歌》

【班会辅助资料】

1. 朱永新的文章《改变，从阅读开始》。
2. 《读书歌》。

读书歌

人之初，性本善，世事无穷难分辨。
欲知求识学问路，试试开卷有益处。
好书留得万年传，明理知事长经验。
从小读书最关键，终生发展有基奠。
读书始得身先正，抬头立腰书放平。
心明眼亮无二意，专心致志要牢记。
早晨读书利记忆，精神清爽好空气。
休将光阴付梦里，大好时间白过去。
读书切忌马行空，用心不专白费功。
书读百遍见真经，处处精彩记脑中。
时刻准备做笔记，随手写下好词句。
积少成多终得益，书到用时省力气。
读书仔细寻规律，开卷认真找范例。
研习格式多对比，懂经明典知含义。
融会贯通试朱笔，字字深究不舍弃。
业精于勤自勉励，惶惶而去如游戏。
读好书，多提问，问中学，学中问。
读书百遍百变问，如此为何寻理论。
循循有序渐渐进，列纲概括笔勤奋。
千虑一得非愚笨，风吹万遍知草劲。
读好书，如攀登，学海无边苦航行。
士人十年寒窗度，君子万卷守孤灯。
铁杵磨得成针日，水滴万点石有坑。

精诚使得精诚至，融汇成就融会通。
读好书，心性灵，更上层楼眼更明。
识得贤礼明大义，书学为何道理通。
与人为善金不换，洁身自好莫贪功。
名言至理乐一世，好书相伴笑一生。
读好书，讲方法，事半功倍功效大。
劳逸结合轻松学，安排时间定计划。
温故知新有条理，脚踏实地不会差。
守住原则不变化，莫等青丝生白发。
好读书，长交流，集思广益谈感受。
多个角度展思路，多听意见长建树。
团结友爱互帮忙，尺有所短寸有长。
同学同乐笑声朗，共同品味翰墨香。
课内书，课外书，好书不怕万遍读。
增加阅历识万物，好书赛过万里路。
只要下了真功夫，学以致用展宏图。
九层之台起于土，千里之行始于足。
读好书，勤钻研，秋收果实大又甜。
读好书，永争先，就像航船展风帆。
做新时代读书的好少年。
为祖国建设、和谐社会作贡献。

感悟、心得、体会

第九单元

有“礼”走遍天下

导言

礼仪是一种修养、一种气质、一种文明、一种亲和力，它是人际交往的通行证。一个人要有所成就，就必须从学礼仪开始。谈吐文雅、举止大方、彬彬有礼、良好的自我形象是构建人生大厦的基石。职校生处于人生和事业的起步阶段，知“礼”、懂“礼”、有“礼”，方能走遍天下。

课时

1 课时

班会目标

1. 让学生懂得礼仪在成长过程中的重要性。
2. 培养学生养成良好的文明习惯。
3. 提高学生的礼仪修养，使学生清楚地认识到自身存在的不足，更加严格要求自己，避免发生不文明行为。

班会形式

小品表演、影片欣赏、讨论等形式。

班会背景

以学校文明礼仪月活动为契机，寻找礼仪、学习礼仪、实践礼仪，培养学生良好的文明礼仪习惯，全面提高职校生的思想道德素质和文明礼仪素养，为今后的就业和人生发展打下良好的基础。

班会要点

1. 小品表演，发现日常学习与生活中的文明礼仪。
2. 影片欣赏，让学生深入了解、学习文明礼仪。
3. 寻找文明标语，时刻践行礼仪。
4. 学生自我剖析，提高自身的修养。

班会准备

1. 主持人主持词。
2. 编排小品。
3. 搜集文明标语。
4. 准备集体签名的条幅。
5. 收集整理多媒体资料。
6. 教室布置：文明礼仪的宣传画和以“文明礼仪伴我行”为主题的黑板报。

班会过程

时　间		地　点	
主 持 人		班　级	

【阶段一】寻找礼仪

主持人：校园是我们的家，大家都要爱护它，家的整洁和美丽需要我们共同来维护，可我们家里也有不文明的现象，下面请看小品《校园不文明现象》

（学生表演：乱丢乱扔）

同学讨论：

1. 这样做会有哪些不好的影响？
2. 给这些同学提一些意见和建议。
3. 校园内还有哪些不文明现象？我们该如何做？

主持人：看看下面这几位同学在宿舍做什么呢？

《宿舍不文明现象》（学生表演：赌博、吸烟、喝酒）

（分组讨论，发表自己的意见）

主持人：以上是发生在宿舍里的不良行为，现在，让我们来到教室，看看教室里有哪些不文明现象，这些同学都在干什么？

《教室不文明现象》（学生表演：抄作业、破坏公物……）

同学讨论：

1. 课堂里发生这样的现象有什么不良影响？

2. 如何看待学生的这种行为？

主持人：同学们，作为时代新人，我们应该朝气蓬勃，奋发向上。瞧，就应该像他们那样……（文明礼仪的图片、视频）

学生表演三句半。

礼仪之花长久开

锣鼓一敲响连天，我们四个来表演，今天来段传统戏，三句半。
清早鸡鸣喇叭叫，不去做操睡懒觉。最后还是要起来，懒汉！
打开书包一阵翻，才知作业没做完。偷偷看看班主任，好惨！
英语就像听天书，干脆来把游戏玩。想想开学许的愿，遗憾！
猛然听到音乐响，赶快就往操场跑。伸伸胳膊踢踢腿，好玩！
一天一天又一天，时间很快打发光。成绩不好表现差，咋办？
学生就该刻苦学，要为班级来增光。父母叮嘱老师讲，难忘！
学校年级有规定，我们牢记不能忘。一日常规规定明，照办！
五星红旗飘呀飘，升旗降旗要站好，高唱国歌要整齐，敬礼！
穿戴干净又整齐，拉链纽扣要系好，服装统一真规范，我记牢！
自尊自爱重仪表，诚实守信讲礼貌，遵规守纪勤学习，很重要！
预备铃响进教室，课本文具摆放好，不吵不闹坐端正，真安静！
校园内外不乱跑，自觉排队靠右行，危险游戏我不做，别忘掉！
天天来把卫生搞，贵在保持习惯好，遇到废纸不放过，重环保！
同学之间要友爱，互帮互助树新风，不打架来不骂人，讲文明！
五星班级真优秀，每周别把分去丢，严于律己把分保，真光荣！
校园礼仪搞得好，好人好事真不少，礼仪之花哪最多？××班！

【阶段二】学习礼仪

电影《窈窕先生》片段欣赏。

【阶段三】践行礼仪

主持人：礼仪即礼节和仪式，礼节的本质是治人之道，中国是礼仪之邦，上下五千年，从西周的“国无礼而不宁”到现在的精神文明建设，礼仪一直是我国传统文化的核心。同学们，你们都知道哪些文明礼貌的标语呢？

例如：

微笑是我们的语言，文明是我们的信念。

礼貌和文明是我们共处的金钥匙。

鸟儿因翅膀而自由翱翔，鲜花因芬芳而美丽，校园因文明而更加进步。

让我们的素质及文明展现在一言一行中！

向老师说声好，不困难；困难的是，要坚持向老师真心地说声好。

花儿用美丽装扮世界，我们用行动美化校园！

顺手捡起一片纸，纯洁的是自己的精神；有意擦去一块污渍，净化的是自己的灵魂。

珍惜自己，关爱他人，革除陋习，从我做起。
勿以善小而不为，勿以恶小而为之。
今天，你微笑了吗？你问候了吗？你礼让了吗？你帮助别人了吗？
（标语汇总，张贴于班级）

【阶段四】全班宣誓并签名

班长领誓：我们要做到：自尊自爱，注重仪表；真诚友善，礼貌待人；遵规守纪，勤奋学习；勤俭节约，孝敬父母；遵守公德，严于律己。

（主持人展示签名条幅，学生上台签名）

【主题拓展与升华】班主任点评

古人云：“勿以善小而不为，勿以恶小而为之。”文明行为，贵在养成和实践。同学们要从现在做起，从自身做起，从一点一滴做起，从每时每刻做起，不断提高自己的文明礼仪修养，做一名文明的职校生，做一名合格的新时代青年！

【主题班会结束】全班合唱《真心英雄》

【班会辅助资料】

1. 电影《窈窕先生》视频。
2. 《真心英雄》（文明礼仪版）。

在我心中，曾经有一个梦，
要用歌声让你记住所有文明。
文明的人，是真的英雄，
善良的人们给我最多感动。
再没有恨，也没有了痛，
但愿人间处处都有文明影踪。
用我们的歌换你文明举动，
祝福你的人生从此与众不同。
把握生命里的每一分钟，
全力以赴奔向文明世界。

感悟、心得、体会

第十单元

金的人格，铁的纪律

导言

“金的人格，铁的纪律”，这句话是我国近现代著名爱国教育家和社会活动家黄炎培先生职业教育理念的集中体现。1936 年国难当头之际，黄炎培先生向青年学生提出四种根本修养，即所谓“金的人格”：一是高尚纯洁的人格；二是博爱互助的精神；三是勇敢的气概；四是吃苦耐劳的习惯。黄炎培先生在注重人格完善的同时，特别注意强调纪律的重要性。在他看来，严格的纪律是完善人格必需的手段，他以铁的坚韧性比喻纪律的严肃性，要求学生养成铁的纪律。

课时

1 课时

班会目标

1. 让学生明确严格的纪律管理是完善自身人格必需的手段。
2. 培养学生自强自律、诚信正直的高尚品质。
3. 让学生明确“金的人格”对于个人成长发展的重要作用。

班会形式

讲故事、歌曲表演、军事训练相结合的形式。

班会背景

人格，是人的第二生命。一个人要在世上生存，成就一番事业，必须有健全的人格。一个人的人格是在青春期逐渐走向成熟的时期经过逐步的自我塑造而定型的。我们的学生更需要树立“金的人格”来约束自己的行为，引导自己朝正确的人生方向走去。

班会要点

1. 课前利用业余时间认真阅读《没有任何借口》这本书，并写读后感。
2. 学生统一服装，在规定时间到达操场集合。
3. 给学生讲故事，进行简单军事科目训练。
4. 合唱歌曲《男儿当自强》。

班会准备

1. 准备 3 ～ 5 本《没有任何借口》供同学课前阅读。
2. 搜集有关人格的小故事。
3. 请体育老师或军事教官进行班级军事科目训练。
4. 歌曲排练。

班会过程

时　间		地　点	
主 持 人		班　级	

【阶段一】

操场集合，学生统一着装，按时到场，班长点名。

【阶段二】

班主任对班级学生的出勤、仪容仪表等方面进行检查和点评。

【阶段三】

全班大声齐读班会主题：金的人格助成功，生命蓬勃增智勇，成长蹉跎输意志，铁的纪律铸成功。

班主任讲故事：

曾有多家报纸报道了一名大学生在就业时屡遭碰壁的故事，这位大学生毕业于名牌大学，且学业非常优秀，究其原因，竟是因为他在学习期间曾有 3 次乘车逃票的记录，这个不良的信用记录将伴随他的一生……

【故事启迪】

“没有规矩不成方圆”，人品就像火车的方向、路轨，而才能就像马力。如果方向、路轨偏了，马力越大，造成的危害也就越大。作为学生，不但要遵守纪律，还要把这一行为养成习惯，因为这种习惯会改变你的命运。自古以来，人才至上，人品至本，欲成大事，要拘小节。一个人的品德修养，良好的生活习惯，本身就是一种价值，就是支持才能的基础，没有这个价值和基础，就不会体现出你的价值。

【阶段四】

军事科目训练（体育老师或军事教官指导）

【主题拓展与升华】班主任点评

同学们，“打铁还需自身硬”现在，我给大家介绍《没有任何借口》这本书，是希望同学们提高自身的道德修养，加强自我约束，严于律己，不断追求并塑造“金的人格”。“加强纪律性，革命无不胜”，这句话同样适用于你们，我相信，只要从身边的点滴小事做起，养成良好的习惯，不断培养自己的高尚品德和纪律观念，就会拥有“金的人格”！

【主题班会结束】合唱歌曲《男儿当自强》

【班会辅助资料】

歌曲《男儿当自强》歌词。

傲气面对万重浪
热血像那红日光
胆似铁打骨如金钢
胸襟百千丈眼光万里长
我发奋图强，做好汉
做个好汉子每天要自强
热血男儿汉比太阳更光
让海天为我聚能量
去开天辟地为我理想去闯
看碧波高壮又看碧空广阔浩气扬
我是男儿当自强
昂步挺胸大家做栋梁，做好汉
用我百点热
耀出千分光
做个好汉子
热血热肠热
比太阳更光

感悟、心得、体会

第三篇

第一单元

我的地盘我做主

导言

“我的地盘我做主”，中职生要树立讲文明、守纪律的意识，做到自觉自律，养成良好的行为习惯，发扬校园主人翁精神，树立社会责任感。

课时

1 课时

班会目标

1．增强学生自觉自律的意识。

2．发扬校园主人翁的精神，树立学生的社会责任感。
3．提升班级自我管理的效果。

班会形式

讲故事、歌曲表演、讨论等形式。

班会背景

引导学生通过交流开展自我检讨，从中认识到自身存在的不足。引导学生知不足而后行，并达成共识，促进良好班风的养成，实现人人自律的自主管理效果。

班会要点

1．通过讲故事导入主题。
2．班委发言，学生分组讨论。
3．全班宣誓。
4．歌曲合唱。

班会准备

1．主持人主持词。
2．练习故事、歌曲。
3．整理班委发言稿。

班会过程

时　间		地　点	
主 持 人		班　级	

【阶段一】

主持人 1：同学们，让我们有请 ×× 同学给大家讲一个故事——《小蜗牛的故事》。

×× 同学：

小蜗牛问妈妈：“为什么我们从生下来，就要背负这个又硬又重的壳呢？”

妈妈回答：“因为我们的身体没有骨骼的支撑，只能爬，又爬不快。所以需要这个壳的保护！”

小蜗牛又问：“毛毛虫姐姐没有骨头，也爬不快，为什么它却不用背这个又硬又重的壳呢？”

妈妈说：“因为毛毛虫姐姐能变成蝴蝶，天空会保护它啊。”

小蜗牛再问：“可是蚯蚓弟弟也没有骨头，爬不快，也不会变成蝴蝶，它为什么不背这个又硬又重的壳呢？”

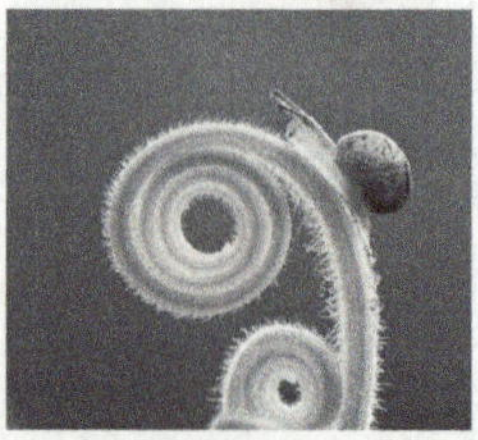

妈妈回答：“因为蚯蚓弟弟会钻土，大地会保护它啊。”

小蜗牛哭了起来：“我们好可怜，天空不保护，大地也不保护。”

蜗牛妈妈安慰它：“但是我们有壳啊！我们不靠天，也不靠地，我们靠自己。”

【心灵启示】小蜗牛靠自己，我们也一样，每个人的命运都掌握在自己手中，那么，又是什么决定着你的未来、你的命运呢？答案就是，你的思想、行为和习惯。

每个人都要看到自己的长处，把握自己的长处，发挥自己的优势，壮大自己的优势。与其羡慕别人，不如做最好的自己！因为成功离不开自己不懈的努力！

【阶段二】

主持人 2：班级是我们的家，班级管理靠大家，现在我们班还存在着一些不文明、不自主的现象，下面请我们的班委谈一谈。

学习委员：

早读情况：早晨大家都到校非常早，大部分同学会自己看书，个别同学来了以后不知道自己应该干什么，在学习上缺乏自主管理……

卫生委员：

班级卫生：我们班同学都是勤快的好学生，大家都非常热爱劳动，只不过我们大家不会自觉保持其他同学的劳动成果，卫生做得快，脏得也快……

纪律委员：

自习纪律：老师在的时候我们都能安静地做自己的事情，老师不在的时候，有些同学就会趁机“开小会”了。希望从现在开始，大家都能改正自己的缺点，养成自主管理的好习惯……

生活委员：……

【阶段三】

主持人 1：学校和班级都是我们的家，那么，在这个大家庭里，我们该怎样进行自主管理呢？（做好班级成员自主管理责任分工，分组讨论并发言……）

班长领誓：

我倡议：

我的地盘我做主，让文明为我灌溉，礼貌为我施肥，诚信为我添彩，

我的地盘我做主，

时间在流逝，这一刻自主管理将成为我们的习惯。

我相信，未来不久，我的生命将灿烂如花！

【主题拓展与升华】班主任点评

同学们，真正的教育是自主教育，自主教育是实现自主管理的前提和基础，一个全员自主的班集体能激励着大家不断进取。希望从现在开始，全体同学都能更加积极、轻松、充满激情地投入到学习中去。

【主题班会结束】合唱歌曲《相信我们会创造奇迹》

【班会辅助资料】

《相信我们会创造奇迹》歌词。

熙熙攘攘的人海之中
命运让我们相聚
繁华都市的日升日落
还有我们在这里
露出微笑拿出信心
让荆棘风雨全都过去

映在我们眼底
追求真理的一点一滴
我们不会轻易放弃
相信只要我们在努力
未来将无比绚丽
也许成长的日子里
一路是坎坷荆棘
也许一路的风风雨雨
会溅上满身污泥
请别放弃别灰心
我们一起努力
我们永远珍惜
成长岁月里
我们是团结的集体
相信我们会创造奇迹
我们一起努力
我们永远珍惜
成长岁月里
我们是团结的集体
相信我们会创造奇迹

感悟、心得、体会

第二单元

身边的榜样

导言

古人云：“以铜为镜，可以正衣冠；以人为镜，可以明得失。”榜样的力量是无穷的，它让我们扬起希望的风帆，指引我们人生的道路，让年轻的我们不再迷茫。榜样就在我们身边，它可能是一棵树，因为它不怕风雨的吹打；它也可能是一根草，因为它总是顽强地面对困境；它也可能是一棵竹子，因为它不会向任何人弯腰。只要你细心，就会发现，原来榜样就在我们身边。

课时

1 课时

班会目标

1. 培养学生以身边的同学为学习榜样，学习他们的优秀品质。

2. 借助榜样的示范作用与力量，激励同学们明确学习方向。

3. 通过对榜样的宣传，树立正确的舆论导向，在班级内掀起人人争做榜样的热潮，进而形成良好的班风。

班会形式

朗诵、情景剧表演、歌曲表演、讨论等形式。

班会背景

传统教育中的榜样多是历史上的圣贤哲人，或者是当代的英雄伟人，或者是社会上优秀的先进典型。这些人品德高尚、事迹动人，但是和学生有着一定的心理距离，容易造成学生们在心理上高山仰止，行动上却敬而远之。而在我们身边就有可学习的榜样，这些看得到摸得着的榜样，会让学生产生亲切感，并且树立自己也要成为别人榜样的信心。

班会要点

1．追忆榜样。
2．情景剧表演，寻找身边的榜样。
3．现场评选“班级之星”。
4．合唱歌曲《掌声响起来》，独唱歌曲《榜样》。

班会准备

1．主持人主持词。
2．排练情景剧。
3．搜集整理身边的榜样事迹。
4．制作“班级之星”展板。
5．练习歌曲《掌声响起来》和《榜样》。

班会过程

时　间		地　点	
主 持 人		班　级	

【阶段一】

主持人 1：有人曾说：播撒一种思想，收获一种行为；播撒一种行为，收获一种习惯；播撒一种习惯，收获一种性格；播撒一种性格，收获一种命运。我要说：播撒一种榜样，将收获一份成功。

主持人 2：是啊，这是一个需要榜样的时代。榜样，能为你指引前进的方向，能让你的人生更加积极向上。榜样能带来一种抗拒平庸、励志进取的力量。

主持人 1：在我们人生的每个阶段，都有值得我们学习的榜样，这些榜样像一面旗帜，指引我们前进，伴随我们成长。下面我们就一起回忆一下这些伴随我们一路走来的榜样们。

（学生踊跃回答：雷锋、邱少云、董存瑞、焦裕禄、王进喜等）

【阶段二】

主持人 1：榜样是什么？榜样是船，让我扬起希望的风帆，带我驶向胜利的彼岸；榜样是灯，照亮人生的道路，驱走黑暗的彷徨；榜样是指南针，为我指引前进的方向，让我不再迷茫。

主持人 2：生活中有太多的榜样。他们能带给我们力量，让我们在黑暗中看见光明，在绝境中发现希望。

主持人 1：榜样其实就在我们身边，他们乐观积极，助人为乐，无私奉献，讲文明，懂礼貌，爱学习，守纪律……这些优秀的品质都是非常值得我们学习的。

主持人 2：请欣赏 ×× 等同学带来的情景剧表演。

情景剧表演：

校园里，前面几个同学刚从商店出来，手里拿着雪糕包装袋吃着雪糕，到了垃圾桶边，一个同学要把包装袋扔进去，可惜扔到了外面，这个同学看了一眼没有理会，继续往前走，这时过来了一位同学，弯腰将包装袋捡起来扔进了垃圾桶……

主持人 2：小小的文明可以带动一群人，小小的陋习也能影响一群人。谈谈你的身边有没有优秀的榜样。

（分组讨论并选 5 人发言）

【阶段三】

全班同学参与现场评选“班级之星”（选举结果在班级内张榜公布）。例如全能之星、德育之星、音乐之星、文学之星、学习之星等。

【阶段四】全班合唱《掌声响起来》

【主题拓展与升华】班主任点评

同学们，向榜样学习，不能流于形式。我们要学习榜样的世界观、人生观、是非观，学习榜样的信念与价值观，学习榜样的行为策略与智慧。希望通过今天的班会，我们都能向榜样看齐，同时也希望我们在座的每一位同学，都能成为别人的榜样。

【主题班会结束】歌曲独唱《榜样》

【班会辅助资料】

1．《掌声响起来》歌词。

孤独站在这舞台
听到掌声响起来
我的心中有无限感慨
多少青春不在
多少情怀已更改
我还拥有你的爱
好像初次的舞台
听到第一声喝彩
我的眼泪忍不住掉下来

经过多少失败
经过多少等待
告诉自己要忍耐
掌声响起来
我心更明白
你的爱将与我同在
掌声响起来
我心更明白
歌声交汇你我的爱

2．黄征的《榜样》歌词。

追光的人看不到背影
梦被锁定一刻不能停
脚下没有捷径 汗水如影随形
没有翻不过的千山万岭
别问自己到底行不行
目标看清我只要去赢
前面还有身影不能算好风景

没有人能爬过我的山顶
全世界为我　睁大眼睛
全世界陪我　释放激情
一路雷厉风行
全世界为我　侧耳倾听
全世界看我　石破天惊
超越 决不留情

感悟、心得、体会

第三单元

劳动创造美

导言

李大钊曾经说过:“我觉得人生的求乐方法，最好莫过于尊重劳动。一切乐境，都可由劳动得来，一切苦境，都可由劳动解脱。”的确，劳动是世界上一切欢乐和美好事情的源泉，劳动是最可靠的财富。因为劳动，人类社会才不断进步发展，我们要从小事做起，从点滴做起，养成爱劳动的习惯。因为，劳动才能创造美。

课时

1 课时

班会目标

1．使学生树立劳动创造美的观念。

2．培养学生独立生活的能力，掌握基本的劳动知识和技能。
3．让学生体会到父母劳动的辛苦，做到尊敬长辈，孝敬长辈。

班会形式

讨论、案例分析、小品表演、歌曲表演等形式。

班会背景

劳动创造世界，财富属于人民。5 月 1 日，蕴含着劳动者的汗水，这一天永远属于伟大的劳动者。是劳动创造了世界，人类从劳动者用勤劳的双手和智慧，编织了这个五彩斑斓的世界，创造和延续了人类的文明。

班会要点

1．介绍五一国际劳动节的由来，让学生深刻了解劳动节的意义。
2．交流诗词及名言警句，进一步深化劳动创造美的观念。
3．小品表演《劳动者是最美的人》。
4．观看先进劳动者事迹，并谈感想。

班会准备

1．劳动节资料搜集。
2．劳动的名言搜集。
3．小品编排。（可参考小品《红高粱模特队》）
4．歌曲《劳动者赞歌》练习。

班会过程

时　　间		地　　点	
主　持　人		班　　级	

【阶段一】

主持人 1：“五一”的鲜花绽放着劳动者自豪的笑脸。
主持人 2：“五一”的目光敬仰着劳动者闪亮的勋章。
主持人 1：劳动创造了生活。
主持人 2：劳动创造了世界。
主持人 1：光荣永远属于伟大的劳动者。
主持人 2：《劳动创造美》主题班会现在开始。

【阶段二】介绍五一国际劳动节的由来

主持人 1：5 月 1 日是国际劳动节，节日中，举国欢庆，人们聚集在公园、剧院、广场，参加各种庆祝集会或文体娱乐活动，并对有突出贡献的劳动者进行表彰。那么，五一国际劳动节是怎么来的呢？下面请 ×× 同学为大家介绍一下。

×× 同学：1886 年 5 月 1 日，美国芝加哥的 20 多万名工人为争取实行八小时工作制而艰苦斗争，终于获得了胜利。为了纪念这次工人运动，1889 年 7 月 14 日，由各国马克思主义者召集的社会主义者代表大会在法国巴黎隆重开幕。大会上，与会代表一致同意：把 5 月 1 日定为国际无产阶级的共同节日。这一决议得到世界各国工人的积极响应。1890 年 5 月 1 日，欧美各国的工人阶级率先走上街头争取合法权益。从此，每逢这一天，世界各国的劳动人民都要举行盛大的庆祝活动。

中国人民庆祝劳动节活动的历史可追溯至1918年。一些革命的知识分子在上海、苏州等地向群众散发介绍五一国际劳动节的传单。1920年5月1日，北京、上海、广州等城市的工人群众走上街头举行了声势浩大的游行、集会。新中国成立后，我国将每年的5月1日定为法定的劳动节。

【阶段三】劳动名句大家赏

主持人1：锄禾日当午，汗滴禾下土。

主持人2：田家少闲月，五月人倍忙。

主持人1：《麦收》，天高日正晌，遍地黄金浪。挥汗如热雨，农夫收割忙。这首诗描写了农民伯伯在正午收割麦子时大汗淋漓的场面。我们的父母为了我们过上更好的生活，每天辛苦地工作，步入社会后，我们一定要尽自己所能孝敬父母。

主持人2：《归园田居》，种豆南山下，草盛豆苗稀。晨兴理荒秽，带月荷锄归。道狭草木长，夕露沾我衣。衣沾不足惜，但使愿无违。这首诗写的是田园劳作之乐，表现了诗人归隐山林的闲情逸致。

主持人1：希望同学们能真正理解劳动最光荣。下面请听一些有关劳动的名言：

我们世界上最美好的东西，都是由劳动、由人的聪明的手创造出来的。——高尔基

锄禾日当午，汗滴禾下土。谁知盘中餐，粒粒皆辛苦！——李绅

劳动是一切知识的源泉。——陶铸

劳动是社会中每个人不可避免的义务。——卢梭

完善的新人应该是在劳动之中和为了劳动而培养起来的。——欧文

体力劳动是防止一切社会病毒的伟大的消毒剂。——马克思

劳动是财富之父，土地是财富之母。——威廉·配第

我知道什么是劳动：劳动是世界上一切欢乐和一切美好事情的源泉。——高尔基

要工作，要勤劳：劳作是最可靠的财富。——拉·封丹

既然思想存在于劳动之中，人就要靠劳动而生存。——苏霍姆林斯基

在重视劳动和尊重劳动者的基础上，我们有可能来创造自己的新德。——高尔基

劳动是人类存在的基础和手段，是一个人在体格、智慧和道德上臻于完善的源泉。——乌申斯基

知识是从刻苦劳动中得来的，任何成就都是刻苦劳动的结果。——宋庆龄

【阶段四】小品表演《劳动者是最美的人》

主持人1：劳动人民是世界上最伟大的人民，他们用劳动创造了世界，创造了人类，创造了我们今天的幸福生活。

主持人2：是劳动，建成了今天的万丈高楼；是劳动，筑就了现代化的高速公路；是劳动，让偌大的地球变成了一个个小小的村落；是劳动，使浩瀚的荒原变成了万亩良田。

主持人1：劳动描绘了美好的前景，劳动酿造了甘甜的美酒。让欢乐与我们共享，幸福与我们同在，劳动最光荣！

主持人2：请欣赏××等同学为我们带来的小品《劳动者是最美的人》。

【阶段五】劳动者的故事

主持人1：在历史的长河中，有许许多多劳动者的故事，他们的事迹激励着人类不断前行。下面让我们来走近他们吧！一起来听听“蓝领专家”孔祥瑞的故事。

（播放幻灯片，同时配背景音乐）

主持人 2：听完孔祥瑞的事迹，同学们有没有什么感想呢？（讨论）

【主题拓展与升华】班主任点评

一分耕耘一分收获。通过这次主题班会，我们对劳动有了更深的理解。热爱劳动，尊重他人的劳动，用我们的劳动来创造价值，创造财富，来回报父母，回报社会！同学们，让我们手挽手、肩并肩，豪情万丈迎未来，挥笔谱写新诗篇！让我们为劳动者喝彩，让我们携手并肩，把全世界劳动者的心愿送给远方，送给明天！

【主题班会结束】合唱歌曲《劳动者赞歌》

【班会辅助资料】

《劳动者赞歌》歌词

离开了亲人和朋友，踏上了征战的路途
为了生活而奔波，为了理想而奋斗
我们不是一无所有，我们有智慧和双手
我们用智慧和双手建起大街桥梁和高楼
风里来，雨里走，一刻不停留
汗也洒，泪也流，昂起头向前走
我们的幸福和权利要靠我们自己去争取
劳动创造了这个世界，劳动者最光荣
从昨天到今天到永远
劳动者最光荣

感悟、心得、体会

第四单元

文明公约

导言

“不学礼，无以立。”千百年来，中华民族一直被奉为礼仪之邦。长幼有序，互谦互让，温文儒雅是华夏儿女世代相传的美德。在当今社会，文明礼仪更是我们学习、生活的根基，是我们健康成长的臂膀。中职生是21世纪建设祖国的生力军，传承中华文明是我们义不容辞的责任。

课时

1课时

班会目标

培养学生良好的道德品质，从校园文明、职业文明、社会文明、家庭文明等方面着手，提高学生自身的文明修养。

班会形式

多媒体展示、朗诵、讨论等形式。

班会背景

“国尚礼则国昌，家尚礼则家大，身尚礼则身正，心尚礼则心泰。”知书达理、待人以礼应是我们的基本素养。同学们既是校园文明礼仪的受益者，又是文明礼仪的践行者，每位同学都应时时刻刻与文明同行，用文明来约束自己的言行举止，让文明礼仪之花永远绽放，一生芬芳。

班会要点

1．播放生活中的文明和不文明的视频。
2．学习礼貌用语。
3．齐诵中学生文明礼仪“三字经”和校园文明“五字歌”。
4．学习《班级文明公约》，全体同学签字。
5．对照《中学生日常行为规范》要求，学生分组讨论并发言。

班会准备

1．主持人主持词。
2．搜集有关文明的视频，做成 PPT 课件。
3．根据学生特点制定《班级文明公约》，制作一期专题黑板报。
4．准备《中学生日常行为规范》。

班会过程

时　　间		地　　点	
主　持　人		班　　级	

【阶段一】

主持人：文明，一直渗透在我们的学习生活中，在我们身边，每天都发生着许多文明的行为。下面请看视频《生活中的文明行为》。

（播放视频）

主持人：在我们的校园，每天也同样上演着许多不文明的行为。下面请看视频《校园里的不文明行为》。

（播放视频）

【阶段二】

主持人：好的文明习惯会让我们的生活和学习变得更顺畅，而学会文明用语会让我们拥有一个快乐的交往过程。请同学填好下面空白处的礼貌用语。

初次见面说：（　　　）　麻烦别人说：（　　　）
客人到来说：（　　　）　与人分手说：（　　　）
好久不见用：（　　　）　中途先走说：（　　　）
表示答谢说：（　　　）　表示歉意说：（　　　）
求人解答用：（　　　）　赞人见解用：（　　　）

看望别人用：（　　）　等候客人用：（　　）

……

【阶段三】

课件展示中学生文明礼仪“三字经”、校园文明“五字歌”、社会文明“五字歌”及职业文明“三字经”。

（同学齐诵）。

【阶段四】

学习《班级文明公约》，全体同学在黑板报上签字（黑板报提前布置好）。

【阶段五】

谈谈《中学生日常行为规范》对于个人今后的职业成长之路有哪些帮助。

（分组讨论，选代表发言）

【主题拓展与升华】班主任点评

同学们，班会即将结束了，但是文明行为才刚刚开始。自己身上的一些不文明的行为习惯，可能一时改变不了，但只要有改变的决心，从现在做起，我相信，你一定会成为一个文明的青年。文明公约需要我们全班甚至全校同学一起践行。希望在今后的学习、生活当中，同学们能更加努力，把文明礼仪带到我们学习、生活中的每一个角落。

【主题班会结束】

【班会辅助资料】

1．中学生文明礼仪“三字经”。

晨风吹，阳光照，精神抖，上学校。
中学生，要做到，学礼仪，懂礼貌。
进校园，讲形象，重仪表，整着装。
莫奇装，勿怪发，自然美，人人夸。
站如松，坐如钟，走端正，行稳健。
仪表美，举止雅，风度高，气质佳。
铃声响，课间到，不追逐，不打闹。
升国旗，应敬礼，唱国歌，要肃立。
课间操，要重视，强体魄，炼意志。
活动课，勤实践，讲文明，讲安全。
逢集合，守纪律，有比赛，争第一。
看演出，不喧哗，讲公德，举止雅。
买饭菜，要排队，善节约，不浪费。
乘车时，不拥挤，爱长幼，让座椅。
客人到，心欢笑，主动迎，礼周到。
不打架，不骂人，多宽容，讲团结。
对同学，要尊重，对朋友，要真诚。
孝父母，敬师长，好传统，不能忘。
文明语，要常用，你说谢，我说请。
对不起，没关系，讲和谐，是第一。
见师长，问声好，见同学，问声早。
过楼梯，讲秩序，靠右行，莫拥挤。
进教室，喊报告，对老师，有礼貌。
上下课，要起立，互致敬，讲礼仪。
课堂上，勤动脑，勤回答，勤思考。
仔细听，认真记，讲合作，提效率。
见垃圾，随手拾，环境美，要保持。
不乱扔，不乱吐，讲卫生，成习惯。
晨早起，晚早睡，勤洗衣，常叠被。
保清洁，懂环保，防疾病，益终身。
爱公物，要牢记，节水电，省资源。
爱树木，护花草，主人翁，责任高。
人之初，性本善，树正气，懂礼仪。
怀善念，去陋习，信师言，学师仪。
青少年，有理想，立大志，做栋梁。
要成长，先成人，修品德，长精神。
我中华，礼仪邦，倡和谐，民所望。
中学生，承传统，立大志，扬美名。
礼仪事，千万条，三字经，要记牢。
好习惯，早养成，深受益，享终生。

2．校园文明“五字歌”。

着装要朴素，仪表要端庄。见面行个礼，右行互让道。
起立方答话，交流常微笑。语言要文明，卫生勤清扫。
课间有秩序，莫要打和闹。集队要迅速，认真出两操。
不损公物品，爱护树花草。校园文明花，盛开心记牢。

3．家庭文明“五字歌”。

离家道个别，回家问声好。要求要合理，听从长辈教。
体贴父母心，言行尽孝道。自觉抓学习，惜时又高效。
客人来访时，热情有礼貌。生活要俭朴，不赶时髦潮。
邻里要友爱，敬老又助小。家庭文明花，盛开俱欢笑。

4．社会文明“五字歌”。

举止要文明，遇事不急躁。遵纪和守法，品行要美好。
谦让有礼貌，习惯要良好。不扔杂物品，处处重环保。
交友要慎重，诚信最重要。拒绝烟酒浸，更要远毒品。
外出乘车船，搀老又扶小。社会文明花，盛开永不老。

5．职业文明“三字经”。

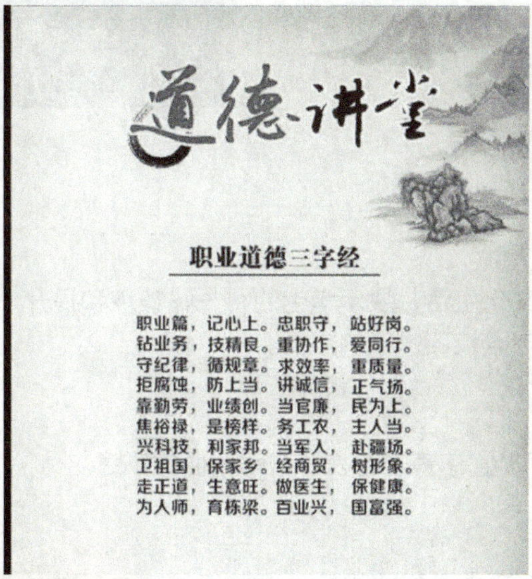

感悟、心得、体会

第五单元

挥洒青春，展示自我

导言

激扬青春，放飞梦想，让我们一起来创造属于我们的辉煌。

激扬青春，花样年华，怎能虚度?

也曾跌倒，也曾失败，怎能放弃?

今天让我们一起放飞梦想，激扬青春，展示自我才华，收获胜利的微笑。

课时

1 课时

班会目标

1．丰富学生的业余文化生活，展示学生的特长，锻炼和提升学生的表现能力。

2．激发全体同学参与学校艺术节的热情。

班会形式

节目表演、才艺展示、宣读青春誓言、合唱歌曲等形式。

班会背景

引导学生勇敢面对生活中遇到的挑战，要敢于展现自己的才华和风采，为学校举办的文化艺术节做好准备。

班会要点

以多种多样的形式展示花样年华的青春风采。

班会准备

1．青春诗朗诵。

2．节目准备练习。

3．布置教室。

班会过程

时　　间		地　　点	
主 持 人		班　　级	

【阶段一】××同学诗朗诵《青春赞》

有人说：
青春是一首歌，
一首充满朝气的歌，
它奋发向上，斗志昂扬。
有人说：
青春是一张面庞，
一张充满自信与欢乐的面庞，
它笑容灿烂，美丽动人。
有人说：
青春是一条路，
一条布满鲜花和掌声的路，
它前途明亮，前程似锦。
有人说：
青春是一轮朝阳，
一轮充满阳光与温暖的朝阳，
它激情飞跃，蒸蒸日上。
我说：
青春是我深藏在心底不变的旋律，
悠扬、舒缓而又漫长，
托出自我人生，
展现自我风采！

【阶段二】展示青春环节（节目表演及才艺展示）

【阶段三】青春的誓言（全班齐诵）

我以青春的名义宣誓：
即使成功远在天边，
我也要勇往直前，不畏艰险；
即使失败就在眼前，
我也要坚守信念，挑战极限；
我保证，
为了父母的微笑，努力拼搏每一天；
我保证，
为了我们理想的实现，再苦再累我也无怨。

【阶段四】合唱青春励志歌曲

（如《超越梦想》《光辉岁月》《我们都是好孩子》等）

【主题拓展与升华】班主任点评

青春看起来如此的完美，让我们再一次为青春欢呼，为青春喝彩，为了美好的明天一起努力拼搏！

【主题班会结束】

【班会辅助资料】

《我们都是好孩子》歌词。
推开窗看天边白色的鸟
想起你薄荷味的笑
那时你在操场上奔跑
大声喊 我爱你你知不知道
那时我们什么都不怕
看咖啡色夕阳又要落下
你说要 一直爱一直好
就这样 永远不分开
我们都是好孩子
异想天开的孩子
相信爱 可以永远啊
我们都是好孩子
最最善良的孩子
怀念着 伤害我们的
那时我们什么都不怕
看咖啡色夕阳又要落下
你说要 一直爱一直好
就这样 永远不分开
我们都是好孩子
最最天真的孩子
灿烂的 孤单的 变遥远的啊
我们都是好孩子
最最可爱的孩子
在一起 为幸福落泪啊
我们都是好孩子

异想天开的孩子
相信爱 可以永远啊
我们都是好孩子
最最善良的孩子
怀念着 伤害我们的
推开窗看天边白色的鸟
想起你薄荷味的笑
那时你在操场上奔跑
大声喊 我爱你你知不知道

感悟、心得、体会

第六单元

诚信，立身之本

导言

诚信是立身之本。“人而无信，不知其可也”。失去诚信，必将失去发展的空间，失去强有力的支持，失去人格和尊严。诚信，自古是中华民族的传统美德，是经过漫长、沉重的生活之浪淘沥而出的至纯之金。

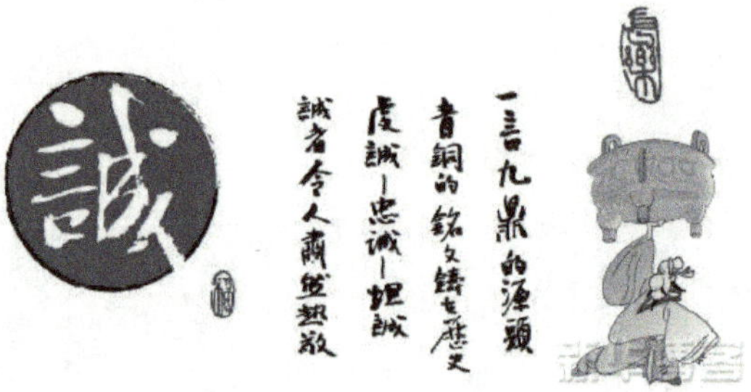

课时

1 课时

班会目标

1．使同学们懂得“诚信，乃立身之本”的道理，学会对人守信，对事负责。

2．增强学生的责任感，引导学生践约守信，诚实做人。

班会形式

讨论、讲故事、做游戏等形式。

班会背景

诚信不仅是一种品行，更是一种责任；不仅是一种道义，更是一种准则。对个人而言，诚信是高尚的人格力量；对企业而言，诚信是宝贵的无形资产；对国家而言，诚信是良好的国际形象。作为当代的中学生，我们一定要明确身上担负的职责与使命，在生活和学习中做一个诚实守信的人，把中华民族的传统美德发扬光大。

班会要点

1．听故事《手捧花盆的孩子》，思考问题。

2．小组代表讲故事。
3．做“信任背摔”游戏。
4．自我反思。
5．宣读诚信誓言。

班会准备

1．主持人主持词。
2．《手捧花盆的孩子》的故事录音。
3．收集有关诚信的小故事。
4．了解“信任背摔”游戏规则。

班会过程

时　间		地　点	
主 持 人		班　级	

【阶段一】导入

主持人：千百年来，人们讲诚信，重诚信，从妇孺皆知的《狼来了》到今天的“以诚实守信为荣”，就是要告诉大家，诚信是立足社会的通行证，是公民的第二个“身份证”，做人一定要言必行，行必果，一言九鼎，一诺千金。

【阶段二】听故事谈心得

听《手捧花盆的孩子》的故事录音，思考为什么端着空空花盆的小男孩被选为王位的继承人。

（同学发言）

【阶段三】感悟诚信小故事

大家一起分享诚信小故事，听故事时要认真体会诚信的意义。

第一组的故事——《千金不昧》

点评：两个讲诚信的形象，不唯利是图，多么鲜活生动，感人至深。

第二组的故事——《韩信报恩》

点评：这个故事说明韩信懂得知恩图报，言而有信，是个讲诚信的人。

第三组的故事——《中医药老字号——同仁堂》

点评：北京同仁堂三百多年来在生产经营中始终坚持诚信的优良传统，创造出许多让广大消费者放心的精品良药，确保了同仁堂金字招牌熠熠生辉。

第四组的故事——《立木为信》

点评：这是讲诚信的典型事例，要想取信于人，必定要言而有信，一诺千金。

第五组的故事——《烽火戏诸侯》

点评：这是不讲诚信的典型反面事例，一个帝王无信，玩“狼来了”的游戏，结果自取其辱，身死国亡。可见“信”对一个国家的兴衰存亡起着非常重要的作用。

【阶段四】“信任背摔”游戏

游戏规则：做此项目的人站在 1.5 米以下的高处，为了防止摔下去时手臂伤人，要将双手交叉放在自己胸前，然后背朝同伴，身体站直，直挺挺地向后倒下去。下面有 10 个人面对面站成两排，每个人都伸出双臂将倒下的人接住。

游戏目的：敢于战胜自己，相信同伴、信任同伴，领会信任是合作的基础，合作是成功的前提。

【阶段五】自我反思

主持人：作为一名新时代的青少年，我们更要讲究诚信，那么以前的我们有没有做过不诚信的事情呢?

（请 3 ～ 5 名同学发言）

【阶段六】宣读诚信誓言

主持人：通过本次班会，我们懂得了“诚信乃立身之本”的道理，下面请大家跟我一起宣誓。

我们郑重承诺：

诚实守信，立身之本；人人诚信，道德日兴；社会诚信，和谐文明。我将遵守国家的法律法规，恪守诚信的道德规范。以志诚之心，待人处世；以至诚之德，律言律行，树立和维护社会诚信。立身先于立业，诚信伴随人生。内诚于心，外信于人！内诚于心，外信于人！

【主题拓展与升华】班主任点评

感谢同学们精彩的故事讲解，也感谢同学们积极踊跃的参与。这次班会使我们大家受到了一次深刻的诚信洗礼。希望同学们能够从现在做起，时时讲诚信，处处讲诚信，让诚信之花处处开放。

【主题班会结束】

【班会辅助资料】

第一组的故事——《千金不昧》

清朝时，苏州吴县有个叫蔡林的商人，以重承诺讲信义著称。有位朋友把千金寄存在他家，没有留下任何凭证。不久，这位朋友病故了，蔡林就把朋友的儿子叫来，交还这笔重金。朋友的儿子不愿平白无故地接受这千金之资，便说：“家父生前从未对我提及这件事情。”蔡林听了，笑了笑说：“字据在我心里，不在纸上，这是因为你父亲了解我的缘故，所以他没告诉你。”

第二组的故事——《韩信报恩》

汉朝的开国功臣韩信，年幼时家里很贫穷，常常衣食无着，他跟着哥哥嫂嫂住在一起，靠吃剩饭剩菜过日子。小韩信白天帮哥哥干活，晚上刻苦读书，刻薄的嫂嫂还是非常讨厌他读书，认为读书不仅耗费灯油，还没有用处。于是韩信只好流落街头，过着衣不蔽体，食不果腹的生活。有一位给别人当佣人的老婆婆很同情他，支持他读书，还每天给他饭吃。面对老婆婆的一片诚心，韩信很感激，他对老人说："我长大了一定要报答你。"老婆婆笑着说："等你长大后我就入土了。"后来韩信成为著名的将领，被刘邦封为楚王，他仍然惦记着这位曾经给他帮助的老人。他于是找到这位老人，将老人接到自己的住处，像对待自己的母亲一样对待她。

第三组的故事——《曹操断发》

曹操是三国时期的著名人物。有一次，在领军打仗的行军路上，他发现老百姓因为害怕士兵而逃到外边，不敢回家收割麦子。曹操派人告诉村民说："现在正是麦收时节，军中只要有践踏麦田的，就斩首示众。"

老百姓们开始都不相信，躲在暗处观察曹操带领的军队的行动。凡是经过麦田的官兵，都小心地走过麦田，没一个敢践踏麦子的。忽然，田野飞出一只鸟，曹操的马受了惊，一下蹿入麦田，曹操立即叫来随行的官员，治自己践踏麦田的罪行。官员说："怎么能给丞相治罪？"

曹操说："我亲口说的话，怎能不遵守呢？"随即抽出腰间的佩剑，想要自刎。众人连忙拦住。这时，大臣郭嘉走上前说："古书《春秋》上说，法不加于尊。丞相统领大军，重任在身，怎么能自杀呢？"

曹操沉思了好长时间，才说："既然古书《春秋》上有'法不加于尊'的说法，我又肩负着天子交给我的重要任务，那就暂且免去一死。但是我不能说话不算话，我犯了错误也应该受罚。"于是，曹操用剑斩断自己的头发，扔在地上，说："那么，我就割掉头发代替我的头吧。"

接着又派人传令三军："丞相践踏麦田，本该斩首示众，现在割掉头发代替。"

第四组的故事——《立木为信》

春秋战国时期，秦国的商鞅在秦孝公的支持下主持变法。当时处于战争频繁、人心惶惶之际，为了树立威信，推进改革，商鞅下令在都城南门外立一根三丈长的木头，并当众许下诺言：谁能把这根木头搬到北门，赏金十两。围观的人不相信如此轻而易举的事能得到如此高的赏赐，结果没人肯出手一试。于是，商鞅将赏金提高到 50 两金子。重赏之下必有勇夫，终于有人站起，将木头扛到了北门。商鞅立即赏了他 50 两金子。由此，商鞅在百姓心中树立起了威信，而商鞅接下来的变法就很快在秦国推广开了。新法使秦国渐渐强盛，最终统一了中国。

第五组的故事——《烽火戏诸侯》

故事发生在 2700 多年前的西周，也是在商鞅"立木为信"的地方，发生过一场令人啼笑皆非的"烽火戏诸侯"的闹剧。周幽王有个宠妃叫褒姒，为博取她的一笑，周幽王下令在都城附近 20 多座烽火台上点起烽火（烽火是边关报警的信号，只有在外敌入侵需召诸侯来救援的时候才能点燃）。结果诸侯们见到烽火，率领兵将们匆匆赶到，当弄明白这是君王为博妻一笑的花招后皆愤然离去。褒姒看到平日威仪赫赫的诸侯们手足无措的样子，终于开心一笑。五年后，西北犬戎大举攻周，幽王烽火再燃，而诸侯未到——谁也不愿再上第二次当了。结果幽王被逼自刎，而褒姒也被俘虏。

感悟、心得、体会

第七单元

挑战自我，战胜挫折

导言

人生的路途，遥远漫长，有时崎岖难行，有时平坦宽敞，有时风雨连天，有时遍地花香。但无论怎样，都要坚定自己的信心！纵使曲折幽径，万丈雄心谁能阻挡？满怀希望，我们相信，无论风雨多大，乌云多密，阴霾终究会散去，曾经被遮住的阳光，会依旧放射出灿烂的光芒。让我们像勇敢的水手一样，勇于追求，不怕挫折！敢于追求，挑战挫折！不断追求，战胜挫折！

课时

1 课时

班会目标

1．帮助学生直面挫折，树立勇于挑战自我的信心。
2．掌握战胜挫折的方法，培养学生抗挫折的能力。
3．帮助学生树立远大理想，坚定为实现理想而努力奋斗的信念。

班会形式

多媒体展示、讲故事、诗朗诵、歌曲表演等形式。

班会背景

人生都会经历失败，人生总会面对挫折。大多数学生在遭受挫折后，因缺乏社会经验而悲观失望，意志消沉。我们要培养学生抗挫折的能力，正确面对人生中遇到的困难，要激发学生潜在的勇气和力量，以更加成熟的心态去面对自己的人生。

班会要点

1．播放贝多芬《命运交响曲》，导入主题。
2．播放汶川地震中的感人视频，并讨论发言。

3．同学讲述课前收集的名人战胜挫折的小故事。
4．诗朗诵《感谢挫折》。
5．听故事，续结尾。
6．合唱歌曲《阳光总在风雨后》。

班会准备

1．主持人主持词。
2．制作 PPT 课件，搜集视频，准备伴奏乐。
3．收集整理有关挫折的小故事。
4．诗朗诵练习。
5．歌曲练习。

班会过程

时　间		地　点	
主 持 人		班　级	

【阶段一】播放贝多芬的《命运交响曲》，创设意境和氛围

班主任：这是谁的作品？曲名是什么？

班主任：贝多芬在 17 岁那年，母亲去世。沉重的家庭负担从此压在他的肩上。当他 32 岁时，耳病越来越严重。几年后，他的听力被完全夺走。对一个音乐家来说，这是多么大的打击啊！可是贝多芬不消沉、不气馁，并不断地鼓励自己，始终顽强地生活和创作着。他在给朋友的一封信中这样写道："我要扼住命运的咽喉，它妄想使我屈服，这绝对办不到——生活是如此美好，活它一辈子吧！"

班主任：生活中谁都有不顺心的事，有的同学遇到一点挫折就意志消沉，抬不起头来。今天，我们就要帮助大家树立战胜挫折的信心，让同学们在今后的日子里更健康地成长，愉快地迎接未来。

【阶段二】播放汶川地震的视频，讲述地震中发生的感人故事

1．瓦砾下传来孩子们熟悉的歌声。
2．"叔叔，我是不是最勇敢的？"
3．被困 70 小时，女孩自断右腿求生。
4．廖智的故事。

讨论：谈谈你遇到过什么挫折，又是如何克服的。
（请 3～5 人发言）

【阶段三】名人故事大家讲

主持人 1：课前，同学们收集了一些名人在面对挫折时坚强不屈的故事，下面就让我们来分享一下。

1．司马迁遭受宫刑后，忍受了肉体上和精神上的巨大痛苦，用整个生命写成了一部永远闪耀着光辉的伟大著作《史记》。

2．越国被吴国打败后，越王勾践成了奴仆，为了雪耻，他在坐卧的地方吊了个苦胆，夜里躺在柴草上，面对苦胆。每天吃饭时都先尝苦胆，以激励自己发奋图强。最后，一举灭掉吴国，成为一代霸王。

3．居里夫人的童年是不幸的，妈妈和大姐在她不满10岁时就相继病逝了。她的生活充满了磨难，但这样的生活环境不仅没有打垮她，反而培养了她独立生活的能力，使她从小就磨炼出了非常坚强的性格。

4．有个人，在他21岁时，生意失败；22岁时，角逐美国议员落选；24岁时，做生意再度失败；26岁时，他的爱人离开人间；27岁时，一度精神崩溃；34岁时，角逐美国议员再度落选；就是这样一个屡战屡败的人，在他52岁时，当选为美国第16任总统，这个人就是林肯。

【阶段四】诗朗诵《感谢挫折》

主持人1：生活中的许多挫折，是意志力的运动场。当你大汗淋漓地跑完全程后，就一定能获得愉快的体验。

主持人2：平静的湖面练不出精悍的水手，安逸的环境造不出时代的伟人，所以我们应该感谢挫折。请听××同学为我们带来的诗朗诵《感谢挫折》。

【阶段五】续编故事，勇战挫折

主持人1：人生难免有挫折，不同的态度会带来不同的结果。让我们勇敢地面对挫折，做生活的强者。记住：挫折不是拦路虎，而是垫脚石！请听下面的故事，并请大家给续上故事的结尾。

主持人2：一位农夫急匆匆地赶着一头老驴，走在一条人迹罕至的小路上，由于路途迢迢，老驴走累了，一不小心跌进路旁的深坑。当农夫听到老驴的哀鸣，目睹它胡踢乱踏，血沫横飞的惨状后，心疼得不得了，于是想方设法要下去营救。可是这个深坑又滑又陡，根本无从攀援。农夫急得在坑边团团转，怎么也想不出拯救老驴的办法。看看天色将暗，周围又荒山野岭的，无人可以相助，于是他断定自己救不了它了。他准备放弃，独自一人继续赶路。

老农走了两步，又折回，他实在不忍心看着老驴就这样痛苦无助地死去，于是，他决定往井里填土，想把老驴闷死，以便使它早些脱离苦海。于是，老农开始往坑里填土……

主持人1：下面请各小组讨论，并选出代表为我们续上故事的结尾。

1组：老驴被土堆闷死了。

2组：老驴踩着土堆回到了地面。

主持人2：下面请老师为大家揭晓这个故事的结尾。

班主任：当坑底的老驴看到从天而降的土块时，被吓傻了，但几乎同时，老驴又镇定下来，每次土打到背上，就用力抖抖，然后踏着土块，往上挪走一步。不管土块砸在背上有多疼痛，它就是不放弃。因为疼痛过后，它离地面又近了点。不知过了多久，皮开肉绽、精疲力竭的老驴终于安全回到了地面，它得救了。原来会埋葬它的泥土堆，最终成了拯救它的垫脚石！

主持人1：在关乎生死存亡的紧要时刻，这头老驴没有丝毫犹豫，而是鼓足勇气，顽强拼搏，与困难坚决地斗争，最终拯救了自己。

主持人2：不经一番寒彻骨，哪得梅花扑鼻香？我们都曾遇到过挫折，请不要沉溺于失败之中。

主持人1：高位截肢的张海迪曾说：“即使挫折使你倒下去一百次，你也要一百零一次地站起来，唯有挫折能让你坚强起来。”

【阶段六】歌曲合唱《阳光总在风雨后》

主持人（合）：亲爱的同学们，让我们鼓起勇气去面对多彩的人生吧！人生路上的甜苦和喜忧，曾经的跌倒和等候，都需要我们坚强面对。

歌曲合唱《阳光总在风雨后》

【主题拓展与升华】班主任点评

同学们，“天将降大任于斯人也，必先苦其心志，劳其筋骨，饿其体肤，空乏其身，行拂乱其所为，所以动心忍性，曾益其所不能？”挫折不仅是一种难得的锻炼，也是上天赋予我们的一笔宝贵财富。如果说人生是一座大山，挫折就是攀登过程中那条难以把握、难以预期的崎岖山径。只有经得起考验，敢于接受挫折的磨砺，勇于征服攀登中的所有困难，才能到达顶峰。不要让挫折成为你们前进的绊脚石，让挫折点燃心中的信念之火，让你们的心灵充分感受到人生的价值和生命的真谛，最终走向成功的彼岸！

【主题班会结束】

【班会辅助资料】

1. 诗朗诵《感谢挫折》。

人生之路，是一座无始无终的长桥
从我们的脚下，通向未知的将来
人生之路，又像一道干涸的沟壑
那上面的乱石和杂草，比黄河的浪涛还多
古往今来的旅人，谁不受够他们的颠簸
我却感谢人生的挫折
我生之初便在它上面匍匐
当我脱离了娘怀，也还不得不在上面学步
假如我不曾在上面匍匐学步
也许至今还是个侏儒
那一次次挫折如珠宝相连
把我们的锦绣人生缔造
所有的英雄儿女，都在这上面出出入入
凡是前来的都有远大的前程
不来的只得老死峡谷
那一次次挫折，为我们指引了人生的坐标
让我不断地升华，完善……
直至最后的圆满人生
人生之路，我爱你的长远和宽阔
不能不爱你的险峻和你那凸起的风波
如果只会在花砖地上旋舞
那还算什么伟大生活
人生之路，我爱你的明亮和丰沃

也不能不爱你的坎坎坷坷，曲曲折折

2. 《阳光总在风雨后》歌词。

人生路上甜苦和喜忧
愿与你分担所有
难免曾经跌倒和等候
要勇敢地抬头
谁愿藏躲在避风的港口
宁有波涛汹涌的自由
愿是你心中灯塔的守候
在迷雾中让你看透
阳光总在风雨后
乌云上有晴空
珍惜所有的感动
每一份希望在你手中
阳光总在风雨后
请相信有彩虹
风风雨雨都接受
我一直会在你的左右

感悟、心得、体会

第八单元

文明上网，健康成长

导言

21 世纪是一个充满竞争的时代，社会已经进入以互联网为标志的信息时代，它以丰富的内容、广阔的视野、便捷的方式，呈现给人们一个美妙而又精彩的世界。有了网络，我们可以查阅资料、增长知识、浏览国内外大事，开阔我们的视野。但网络也是一把“双刃剑”，若使用不当，则会给我们的生活带来不良的影响。所以，我们一定要健康上网，文明上网，让网络成为我们成长的助手，而不是扼杀我们前途的毒瘤。

课时

1 课时

文明上网 健康上网 安全上网

班会目标

1．倡导“绿色上网”，使学生对网络的利与弊有较为全面的认识。

2．深化学生对网络的认识，引导学生正确上网，以行动营造“绿色上网、文明上网”的环境。

3．使学生从思想上认识到沉溺网络的危害性。

班会形式

多媒体展示、竞赛等形式。

班会背景

一些未成年人因接触互联网而沉溺于网络的虚拟世界，脱离现实，上网成瘾，身心受损，引发网络犯罪的问题也越来越突出。这不得不引起我们的重视与思考。如何引导青少年正确上网已成为当前学校德育教育的重要内容。

班会要点

1．说一说：网络给我们生活带来的收获。

2．评一评：沉迷网络害处多。
3．分组进行计算机操作竞赛。
4．全班学习《全国青少年网络文明公约》。

班会准备

1．主持人主持词。
2．有关青少年上网的案例搜集。
3．准备两台以上的笔记本电脑。

班会过程

时　间		地　点	
主 持 人		班　级	

【阶段一】健康上网乐趣多

主持人1：同学们，你的QQ是什么号？你的游戏人物升了几级？E-mail、BBS、博客等新鲜名词出现在了我们日常的生活中，在网上冲浪成为了许多学生课余时间的一大爱好。

主持人2：下面请同学们说说平时自己都在网上做什么，从中有哪些收获。

（自由发言）

【阶段二】迷恋网络害处多（播放视频或是讲述故事）

主持人1：是啊，网络给我们的生活带来了新的变化，有了网络，信息传播更快了，人们的生活更丰富多彩了。可是，网络在给我们带来便利的同时，也给我们带来了许多问题和困扰。

播放视频或讲述故事：

1．有一位沉迷于网络游戏的13岁少年，面带微笑、双手平伸、双脚交叉，以网络游戏中的飞天姿势从24楼一跃而下，自杀身亡……

2．一名优秀的学生，偶然间光顾了一个色情网站，起初还感到面红耳赤，但却禁不住好奇，多次打开那些赤裸裸的画面，最终因强奸罪而被判刑。

3．一位女生在与和她聊天达一年之久的网友见面时被对方强奸；而另一位女生则在与男网友第三次会面时被杀害了……

4．某大学三年级学生，刚进入学校时曾拿过新生入学一等奖学金，但是因后来沉迷于网络游戏，经常旷课，致使10多门功课不及格，不得不面对退学的结局。

5．一位年过半百的母亲满面愁容地进了网吧，走到她儿子跟前。儿子正全神贯注地盯着屏幕上刺激的网络游戏画面，嘴里不停地喊着：“打死他！打死他！”对于母亲的到来毫无察觉。母亲见状，“扑通”一声跪倒在儿子面前：“儿子，妈妈求你了，咱们上课去吧，妈妈都找你一个星期了……”说完号啕大哭，那撕心裂肺的哭声，令人痛心疾首。

6．因为沉迷网络游戏，小兰小学没上完就辍学在家。2005年12月18日，“手痒”的他想上网吧玩游戏，便找奶奶要钱。奶奶的拒绝惹火了小兰。见掀桌子、砸米缸等威胁行为不见效，失去理智的小兰用枕头将奶奶捂死，然后顺手将家中两台电视机搬出去，以48元卖给了收破烂的人，杀死自己亲奶奶的小兰满不在乎地用卖电视机的钱继续玩游戏去了。

主持人 2：网络有三大魔爪：网络游戏、网上聊天、网上色情，针对上述案例，请同学们各抒己见，谈谈网络为什么让他们迷失了方向甚至走上了犯罪的道路。

【阶段三】计算机操作小竞赛

班主任拟定搜索题目，分组进行电脑操作演示。

【阶段四】理论指导实践，学习《全国青少年网络文明公约》。

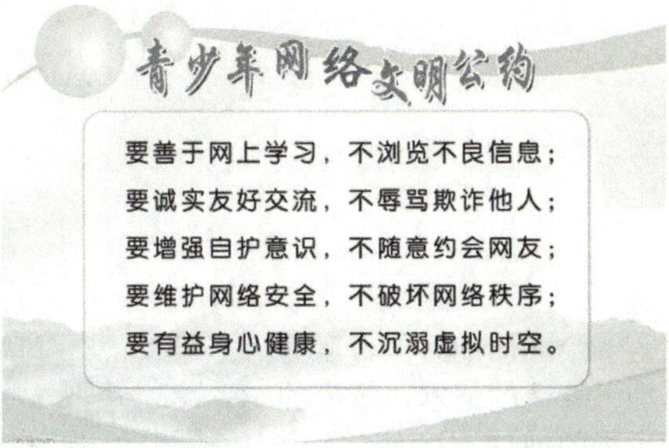

青少年网络文明公约

要善于网上学习，不浏览不良信息；
要诚实友好交流，不辱骂欺诈他人；
要增强自护意识，不随意约会网友；
要维护网络安全，不破坏网络秩序；
要有益身心健康，不沉溺虚拟时空。

【主题拓展与升华】班主任点评

亲爱的同学们，网络世界丰富多彩，网络世界诱惑无限，但沉迷其中未必是好事。合理安排上网时间，不要影响了正常的学习和生活。要学会正确运用网络，让网络真正成为帮助我们学习和成长的有效工具，千万不要让自己成为网络游戏的奴隶。在此，我请同学们对网络游戏说“不”，对拉你去网吧玩游戏的人说“不”。远离网吧，拒绝网毒，正确上网，避免伤害，文明上网，健康成长，成为一名合格的新时代网络世界的主人。

【班会结束】

【班会辅助资料】

《全国青少年网络文明公约》。

感悟、心得、体会

第九单元

善待我们共同的家园——谈环保

导言

曾经，我们拥有一个美丽的家园，蓝蓝的天空，绿绿的草地，清清的河水，茂密的森林，这就是我们可爱的地球。然而，如今我们再回首，地球已经风光不再。无知的我们，永远也不满足从地球获得的恩赐，一次次伸出贪婪的双手，无节制地开采矿产资源，大量捕杀野生动物，砍伐森林，完全忽视了资源的有限性。于是，生态失去了平衡，大气遭受污染，全球开始变暖，酸雨降临人间，森林锐减，沙漠逐渐代替了绿地，许多可爱的动物也在一天天离我们而去……人，在一天天地拆散自己的家！人类啊，快快醒悟吧！请收回你们毁灭地球的双手！请善待我们的地球，善待我们的家园，善待我们自己！

课时

1 课时

班会目标

1．唤起学生对日益遭受破坏的地球环境的清醒认识，树立环保意识。

2．激发学生热爱环境的情感，养成环保从我做起的习惯，理解“保护环境，人人有责”的深刻内涵。

3．通过实践活动，让人人都变成环保小卫士。

班会形式

多媒体展示、讲授、讨论、实践等形式。

班会背景

全球气候变暖、臭氧层的破坏、生物多样性减少、酸雨侵袭、森林锐减、土地荒漠化、大气污染、水污染、海洋污染、危险性废物越境转移等环境问题正一步步侵蚀人类纯洁的心灵，侵蚀人类居住的地球，侵蚀我们美丽的家园。

班会要点

1．多媒体展示被破坏的地球。
2．介绍地球环境的现状。
3．观看环保广告宣传片。
4．个人环保小作品展示。
5．全班总动员，在校园内捡拾垃圾。

班会准备

1．主持人主持词。
2．环保资料收集整理。
3．环保作品制作。
4．塑料袋等捡拾工具的准备。

班会过程

时　间		地　点	
主 持 人		班　级	

【阶段一】被破坏的地球

主持人 1：我们世世代代居住的星球叫地球。

主持人 2：这个美丽星球上的自然资源是人类赖以生存和发展的基础。

主持人 1：人类的生存离不开空气，离不开海洋，离不开江河。

主持人 2：人类的生存离不开山冈，离不开草原，离不开土地。

主持人 1：善待我们的地球，就是善待我们的家园。

主持人 2：善待我们的家园，就是善待我们自己！

主持人（合）：下面请看被人类日益破坏的家园。

（展示视频和图片）

【阶段二】地球的现状

主持人 1：地球只有一个，它的资源并不是取之不尽、用之不竭的。所有的不可再生资源都在快速减少。

主持人 2：地球已经不堪重负了，当我们意识到问题的严重性时，一场保护地球、珍惜资源的战役已经打响。

主持人 1：下面请 ×× 同学为大家介绍一下地球的现状。

（围绕自然生态、气候变化、环境警示、保护行动等方面进行说明）

【阶段三】看环保公益广告片

主持人 1： 地球能满足人类的需要，但不能满足人的贪婪。

主持人 2： 幸福的生活不只是丰衣足食，更是碧水蓝天。

主持人 1： 请不要让人类的眼泪化成地球的最后一滴水。

主持人 2： 保护环境，善待家园，需要我们从身边的小事做起，下面请大家谈谈如何保护环境。

（请 3 ～ 5 名同学发言）

【阶段四】变废为宝作品展

同学们将自己课前制作的环保作品进行展示。

【主题拓展于升华】班主任点评

无论是过去、现在，还是未来，也无论是家庭、国家，还是世界，环境永远是我们的朋友，善待朋友，就是善待我们自己。我们只有一个地球，这是人类赖以生存的家园，如果破坏了它，我们将别无去处。同学们更应该从现在做起，从身边的事做起，竭尽全力地保护地球，建设地球，美化地球。让我们唯一的家园变得更加美丽可爱、生机勃勃！下面就让我们大家一起到校园里，美化校园吧！

【班会结束】校园垃圾大家捡——全班总动员

【班会辅助资料】

感悟、心得、体会

第十单元

技能，助我扬起自信的帆

导言

近年来，随着经济全球化趋势的深入发展，科技进步日新月异，我国经济结构调整不断加快，对人力资源能力建设提出了新的、更高的要求。当前和今后一个时期，要加快培养一大批数量充足、结构合理、素质优良的技术技能型、复合技能型和知识技能型的高技能人才。

工人专家——李斌

模具新秀——李凯军

焊接神匠——高凤林

课时

1 课时

班会目标

1．树立良好的专业情感，立志成为一个技能过硬的人才。
2．做到学习自觉，方法得当，坚持为成为高技能人才而奋斗。

班会形式

多媒体展示、讨论、演讲、歌曲表演等形式。

班会背景

职业教育，特别是中等职业教育，更是迎合了《中华人民共和国职业分类大典》中所要求的“要健全和完善以企业行业为主体、职业院校为基础、学校教育与企业培养紧密联系、政府推动与社会支持相互结合的高技能人才培养体系。”也涌现出了一大批耀眼的“技能明星”，如工人专家李斌、磨具新秀李凯军、焊接神匠高凤林等。因此，中职学生应珍惜大好时机，针对专业，练就技能，创新创优，立志成才。

班会要点

1．班级风采展示。
2．看视频谈感想。
3．技能作品展示。
4．演讲《我骄傲，我是中职生》。
5．合唱歌曲《我相信》。

班会准备

1．主持人主持词。
2．班级风采展示练习。
3．李斌事迹搜集整理。
4．历届职业技能大赛视频、图片整理。
5．学生技能作品制作。
6．演讲练习，歌曲练习。

班会过程

时　间		地　点	
主 持 人		班　级	

【阶段一】宝剑锋从磨砺出—— 班级风采展示

全班排好队形，全体同学大声喊出系名、班名、班主任、班训和班歌。

【阶段二】天生我材必有用——播放视频（李斌的先进事迹）

主持人：同学们，“技能是立身之本”，过硬的专业技能是我们立足社会的必备法宝。比尔•盖茨在10大优秀员工准则中提到：具有远见卓识，并提高专业知识和技能。由此可见，专业知识和技能是成为一名成功的职业人士的基本条件。下面让我们一起来看看蓝领英雄李斌的先进事迹。

主持人：同学们，看完了李斌的先进事迹，大家从他的身上学到了哪些优秀品质呢？

（请3～5名同学发言）

主持人：同学们，珍惜宝贵的青春，以积极的心态，明确人生坐标。只要我们意志坚定，多学专业技能，同样也可以用技能扬起我们前进的风帆。

【阶段三】乘风破浪会有时—— 技能作品展示

历届职业技能大赛作品展示（视频或图片），学生专业技能作品展示。

【阶段四】演讲《我骄傲，我是中职生》

（×× 同学进行演讲）

主持人：××同学说出了我们大家的心声，我们另辟蹊径，毅然选择了一种新的成长道路，我们依然可以用技能扬起成功之帆。

【主题拓展与升华】班主任点评

成功是一个诱人的字眼。同学们，路就在你们脚下，请坚定你们的信念，珍惜现在的学习时光，练就一身好的专业技能，开动你们自信的帆船，驶向属于你们的幸福彼岸。如果知识是一座孤岛上的无穷宝藏，要想借助宝藏使自己的生活变得更好，就需要有将宝藏运离孤岛的船只，而这船只恰恰是将知识转化为实践应用的专业技术能力。

【主题班会结束】合唱歌曲《我相信》

【班会辅助资料】

1．演讲稿：《我骄傲，我是中职生》。

有人说职校的学生文化基础差、组织纪律性差、喜欢逃学、爱好打架、不尊敬师长、不团结同学，如此等等！似乎一切缺点都在我们身上集中体现，今天，我要在这里大声呼喊：请改变对我们的看法！同时，我要大声宣称：我骄傲，我是中职生！

大赛点亮人生，技能改变命运！这是国家中职院校专业技能竞赛最响亮的口号，体现在我们身上就是专业技能使我成长、成人、成才。不是所有人都能在分数堆里扬名立万，有些学科也许不适合我，但专业技能、动手能力却是我的强项。在学校，依据我的个性和爱好，可以选择我喜欢的专业，学到我想学的知识，这是最值得我愉悦的事情，因为我选择，我喜欢！学习不仅仅是理论，更重要的是实践，在车间、实训中心、机房、排练厅、T形台等，把所学的理论知识运用到实践中，一切都不再枯燥！还有什么能比得上自己喜欢的呢？最重要的是，只要通过校级、市级、省级、国家级四级选拔，我就能在全校、全市、全省、全国取得竞赛的好成绩，扬我威名，成就我的梦想。谁能想到，曾经天天挨训的孩子今天能站在国家技能竞赛的舞台上领取奖状和证书呢？技能，让我拥有了一技之长；有了一技之长，到哪里我都能够发挥自己的专长，找到自己的位置，拥有自己灿烂的明天！

拥有一技之长，可以得到各种锻炼，使能力彰显，素养提高。接下来就是考虑就业问题了。因为我们能吃苦、能奉献、有技能，在大学生为就业四处奔走，屡屡碰壁的时候，我们早早地顺利走上工作岗位，分享工作的喜悦，为个人、为家庭减轻负担，为社会创造价值，并实现自己的理想，这就是我们的优势！

这就是我们，中职生。在这里，树立信心，增强自信，学会专长，得到锤炼，使我成长！我想大声呼喊：我骄傲，我是中职生！

2．《我相信》歌词。

想飞上天和太阳肩并肩
世界等着我去改变
想做的梦从不怕别人看见
在这里我都能实现
大声欢笑让你我肩并肩
何处不能欢乐无限
抛开烦恼勇敢地大步向前
我就站在舞台中间
我相信我就是我
我相信明天
我相信青春没有地平线
在日落的海边
在热闹的大街
都是我心中最美的乐园
我相信自由自在
我相信希望
我相信伸手就能碰到天
有你在我身边
让生活更新鲜
每一刻都精彩万分 I do believe

感悟、心得、体会

第四篇

第一单元

天下兴亡，我的责任

导言

很多年轻人只想当国家的主人，却不想或是不懂得如何承担社会责任，不知道如何爱国，如何做国家的主人，只想一味地索取、享受，能居安但不能思危。安逸的生活让很多人迷失了自己，每天都在说着同样的话："天塌下来，有个大的顶着"，或者说"世间本无事，庸人自扰之"这样的话。若要将自己的祖国建设成为世界强国，每个人都应该有所担当，因为"天下兴亡是我的责任"！每个人都应该明确自己肩负着振兴中华的使命，要自觉维护国家的利益和民族的尊严，要从小事做起，要勇于承担责任。

课时

1 课时

班会目标

1. 通过学习“天下兴亡，我的责任”，让学生明确责任意识。

2. 通过观看影片，让学生了解青年一代肩负着振兴祖国的使命。

3. 为学生形成正确的世界观、人生观、价值观创造条件和氛围，促使学生最终成为一个有较强责任感的新时代青年。

班会形式

影片播放、讨论等形式。

班会背景

现在的学生大多是独生子女，由于父母的溺爱，他们任性，以自我为中心；在学校则表现为：做事缺乏责任心，对他人、集体漠不关心。因此，需要强化对学生的责任教育，培养学生对责任感的正确认知，增强学生的责任意识。

班会要点

1. 听文章，感悟青年学生肩负的国家责任。

2. 看影片，激发青年学生的爱国热情。

3. 学生讨论，自己应该肩负哪些责任。

班会准备

1. 主持人主持词。

2. 搜集整理高震东的《天下兴亡，我的责任》演讲稿。

3. 爱国影片片段剪辑。

班会过程

时　间		地　点	
主 持 人		班　级	

【阶段一】

主持人：责任不是一个甜美轻松的字眼，而是有着岩石般的冷峻。当一个人成为社会一分子的时候，责任作为一份成年的礼物已不知不觉地落在他的肩上。愿我们所有的人都把责任之心携带在人生的道路上，让人生散发出淡淡的、金子般的光辉。

【阶段二】老师诵读，学生感悟——《天下兴亡，我的责任》

高震东先生简介：1930 年出生在山东潍坊，1948 年到台湾省，以其深厚的中国古典文

化底蕴及独特的教育理念，在台湾省创办了忠信学校，所办的高职和普通高中运行 30 载，实现升学率、就业率、没有犯罪记录 3 个百分之百，在台湾省被誉为高职教育天空中最亮的一颗星。

忠信学校的学生年龄在 15 ～ 18，学校 3000 多名学生中，每年因违反校规校纪被校方开除的二、三百人。学校没有工人，没有保安，没有厨师，一切必要工种都由学生自己去做。学校实行学长制，三年级学生带一年级学生。全校集合只需 3 分钟。学生见到老师 7 米外就要敬礼。学生没有寒暑假作业，但没有一个考学失败的。在台湾省各大报纸招聘广告上，经常出现“只招忠信毕业生”字样。

以下是台湾忠信高级工商学校校长高震东在大陆的演讲精选：

天下兴亡，我的责任

同学们，你们说“天下兴亡”的下一句是什么？（台下声音：“匹夫有责”）——不，是“我的责任”。如果今年高考每个人都额外加 10 分，那不等于没加吗？“天下兴亡，匹夫有责”等于大家无责。“匹夫有责”要改成“我的责任”，我是这样教我的学生的。

禹是人，舜是人，我也是人！他们能做到的，我为什么不能呢？“天下兴亡，我的责任”，唯有这个思想，我们的国家才有希望。我们每个学生如果人人都说：学校秩序不好，是我的责任；国家教育办不好，是我的责任；国家不强盛，是我的责任……人人都能主动负责，天下哪有不兴盛的国家？哪有不团结的团体？所以说，每个学生都应该把责任拉到自己身上来，而不是推出去。我办学校就是这样，如果教室很脏，我问“怎么回事？”假如有个学生站起来说：“报告老师，今天是 32 号同学值日，他没打扫卫生。”那样的话，这个学生是要挨揍的。

把任务揽过来

在我的学校，经常会听到学生这样说：“老师，对不起，这是我的责任”，然后马上去打扫。灯泡坏了，哪个学生看见了，自己就会掏钱去买一个安上，窗户玻璃坏了，学生自己马上买一块换上它——这才是教育，不把责任推出去，而是揽过来。也许有些人说这是吃亏，我告诉你，吃亏就是占便宜，这种教育要牢牢记在心里，我们每个中国人都要记住！

学校更应该训练学生这种“天下兴亡，我的责任”的思想。校园不干净，就应该是大家的责任。你想，这么大的一个校园，你不破坏，我不破坏，它会脏吗？脏了之后，人人都去弄干净，它会脏吗？你只指望几个工人做这个工作，说：“这是他们的事。我是来读书的，不是扫地的。”——这是什么观念？你读书干什么？读书不是为国家服务吗？眼前的“务”你都不服，你还能为未来服务？当前的责任你都不负，未来的责任你能负吗？水龙头漏水，你不能堵住吗？有人会说：“那不是我的事，那是总务处的事。”这是错误的。

勿以善小而不为，勿以恶小而为之

另一点，我们要有“勿以善小而不为，勿以恶小而为之”的敬业观念。天下有大事吗？没有。但任何小事都是大事。集小恶则成大恶，集小善则为大善。培养良好的道德，是从尊敬老师开始的，是从那些很小很小的事开始的。这种道德是慢慢建立起来的，而不是专门找大事来干。

有敬业观念

同学们，从现在开始，你们要有敬业观念。我们中国实行九年制教育的目的就在于此，就是要看你怎样同老师相处，怎样与朋友相处，这就是教育的目的。从古至今，中国的教育才是最伟大的教育，你把西方的教育看作最先进的教育，那就大错特错了。美国的教育部长曾发表讲话说：“我们国家的教育是彻底失败的，我们把人教成了机器，我们要向东方学习人文教育！”所以说，我们的教育是世界上最伟大的教育！孔子告诉我们：学而不思则罔，思而不学则殆。一个学生要不断地学，不断地想，不断地做，这就是真正的教育，这就是中国教育之精髓所在。

读书是责任

很多人为兴趣而读书，岂有此理！读书有什么兴趣？真正的目标不应是兴趣，而是责任，在责任当中找到兴趣，但不能用兴趣代替责任。越在黑暗中越做光明的事，这就是道德教育。

读书是为了国家

我们读书是为了国家。同学们，你们想想你们从小受到的是什么教育，尤其是农村子弟，你爹妈是怎么教你的？他们这样告诉你：“你要好好念书！你不好好念书，将来就不能出人头地，你必须努力奋斗好好读书，你才有前途，读书是为了你的幸福，读书是为了你的前途！读书一切是为了你！”你就是在这种教育下长大的，这就是最错误的教育，这就是最糟糕的教育！所以小孩子长大以后就认为，读书就是为了我呀，与任何人或事不相干，而是为了我的前途，为了我的未来，为了我的希望。你看这个国家还有希望吗？它与国家毫不相干！他喝着国家的奶水，用着纳税人的钱，拿民脂民膏培养出的却是一个自私自利的小孩，培养出一批自私自利的老师，你想，这个国家会有前途吗？你读书的方向都错了。读书不是为了自己，读书是为了我们的国家！

举例

大家都知道以色列与阿拉伯的战争。阿拉伯和以色列打仗打得正激烈的时候，世界小姐选美比赛正在举行，那年以色列小组正好当选“世界小姐”。许多电影界的人士都围着她：“小姐签约吧，将来你可以发大财了！”“签约后你名利双收，你何必回国呢？你的国家正在打仗，那么一个小国，随时会被吃掉的！”“你回去多可怕！你现在又有钱，又有名，留在美国吧！”……这位姑娘却在电视上发表讲话：“我参加这次比赛并非为了名利，我只是想让你们知道，以色列是一个优秀的民族，所以我出来竞选。我想让人们知道，地球上有以色列这个国家，所以我要出来竞选。我今天被选上了，就完成了我的任务。我也想告诉世界，以色列是个优秀的民族，因为我是世界上最漂亮的女人，同时还要告诉世界，以色列这个国家正在艰苦奋战，希望全世界的人民同情我们，支持我们！现在我的国家正在打仗，要钱何用？我们以色列亡国两千年，因为我们的文化未亡，所以我们还能建国。今天我要回去，为祖国而战，要钱何用？”她发表完这番谈话，第二天就坐飞机回国了。这个新闻发表后，全世界的人对以色列刮目相看！

爱国常在微小的地方

所以，同学们，爱国常常在一个微小的地方。“一言以丧邦，一言以兴邦。”我们是受过高等教育的，我们肩负着国家的荣辱啊，人家看到我们就会看到这个国家的希望。同学们，国家的前途是向后看的，个人的前途是往前看的。看看小学生就知道 30 年后的中国是什么现象。如果他品德良好，道德高尚，爱国，20年后国家就有希望。如果看见这个小朋友很爱国，很有礼貌，很有道德，那么30年后的中国人会是更了不起的中国人。否则，看着他怠惰、自私、傲慢、无礼、没有水准，就会预知30年后的中国就是那个样子。我们今天要雪耻图强，力争做得更好。不要丢了祖宗的脸，不要丢了我们汉唐先烈的脸。

【阶段三】观看影片《我的1919》与《东京审判》的精彩片段，学生讨论。

（激发学生的正义感、使命感、集体荣誉感和民族自豪感。学生讨论如何履行自己肩负的时代责任）

【主题拓展与升华】班主任点评

21世纪是一个知识经济时代、网络信息时代、国际竞争激烈的时代。作为青年一代，你们肩负的责任重大。如果想登上成功之梯的最高阶，你就必须面对一切困难，要以行动证明自己是一个勇于承担责任、值得信赖的人。同学们，坐而论道不如起而行之！让我们从现在开始，立即行动起来吧！学好一门技能，为父母尽一份孝心，为学校尽一份责任心，为社会尽一份爱心！同学们，要时刻铭记，天下兴亡，是你们的责任！

【主题班会结束】

【班会辅助资料】

1．高震东演讲稿《天下兴亡，我的责任》。

2．影片《我的1919》与《东京审判》的精彩片段。

感悟、心得、体会

第二单元

承德，承德，我的家

导言

承德，承德，我的家，塞外一枝鲜艳的花，历尽沧桑，走进新世纪，闪耀着古老灿烂的文化。“水的源头，林的海洋，花的世界，鸟的天堂，云的故乡”，这就是承德。“避暑山庄”承载着文化，历史赋予它传奇的色彩，五千年的红山文化，三百年的山庄文化，让我们为之自豪。人人都说承德好，我爱承德我爱家。我们要承先祖之德，承中华文化之德。

课时

1 课时

班会目标

1．了解承德的变化和进步，增强同学们热爱祖国、热爱家乡的情感。
2．提高同学们为家乡的明天而努力学习的自觉性，培养建设家乡的责任感。
3．让学生“走近家乡”，感受家乡的青山秀水和灿烂文化，从而激发学生心底的自豪感。

班会形式

多媒体展示、讲解、讨论、歌曲表演等形式。

班会背景

家——多么温馨的名字，承德，我们最可爱的家乡！沉浸在家乡山水的怀抱中，青年学子要立志学习专业技能，用实际行动去回报社会，回馈家乡对我们的养育之恩。

班会要点

1．共唱歌曲，导入主题。
2．承德名胜古迹讲解。
3．承德民间艺术、地域特产、人文景观展示。
4．展望未来，为家乡贡献力量。

班会准备

1．主持人主持词。
2．视频资料的收集与整理。
3．学生讲解员练习讲解内容。
4．歌曲练习。

班会过程

时　间		地　点	
主 持 人		班　级	

【阶段一】合唱歌曲展新貌

（播放歌曲《我爱承德我爱家》，主持人上场。）

主持人 1：同学们，有一个地方，是旅游胜地。

主持人 2：有一座城市，被誉为“紫塞明珠”。

主持人 1：有一代儿女，正在打造现代文明的精彩与神奇；

主持人 2：有一方水土，养育了善良淳朴的华夏儿女；

主持人（合）：这就我们的家乡——承德！（展示承德全貌图）

下面请同学们一起合唱《我爱承德我爱家》。

【阶段二】追源溯根记忆新

主持人 1：承德境内资源丰富，自然风景、名胜古迹闻名遐迩。

主持人 2：承德因为有了避暑山庄而蜚声海内外。

主持人（合）：让我们一起追寻源头，谈古论今。

学生 1：承德历史悠久。早在新石器时代，我们的祖先即劳动、生息在这块土地上，这里曾发现的石斧、网坠、陶鬲等丰富的历史文物，就是他们在这里劳动生活的遗迹。殷周时期，这里是山戎、东胡少数民族活动的区域，是燕侯的势力范围。承德市东约 150 公里处的凌源县海岛营子村，出土过多件西周铜器。

学生 2：我要向大家介绍的是皇家园林避暑山庄。避暑山庄是中国现存规模最大、建筑风格最独特的皇家园林，也叫热河行宫、承德离宫，是清代皇帝避暑和从事各种政治活动的地方。避暑山庄主要分为宫殿区和苑景区两大部分。避暑山庄集江南水乡的精致与皇家建筑的雍容大气于一身，如一块绚烂多姿的瑰宝镶嵌于华北大地上。

学生 3：在我们承德还有多座建筑庙宇，大家知道有多少座吗？在承德避暑山庄外围，分布着 12 座大大小小的寺庙，这 12 座寺庙分给八处管理，所以被称为“外八庙”。分别是：须弥福寿之庙、普弥宗乘之庙、溥仁寺、殊像寺、普宁寺、安远庙、普乐寺、普佑寺。承德的许多建筑兼有汉、蒙、藏、维等民族艺术特色和江南园林风格。

学生 4：此外，承德还有棒槌山、金山岭长城等景致和令人心旷神怡的坝上生态草原。承德不光有山，还有滦河与武烈河，河水滔滔不绝，养育着一代代的承德人。

……

【阶段三】“热河化兵”叙传说

主持人 1：同学们知道承德民间有“热河化兵”的传说吗？下面请 ×× 同学为大家来讲述这个小故事。

学生 5：建避暑山庄之前，有位总兵上书康熙帝，请求拨款重修长城，以固边防。康熙不同意，认为国家要太平，关键在上下一心，众志成城。后来，随着避暑山庄的修建，热河小城也逐步建立起来。与其他古城不同的是，这里地势开阔，无险可守，却不曾建城墙城门，建城 300 余年也未曾刀兵相见。乾隆不仅把承德当“夏都”，更视其为联合、融汇各民族的“平台”。“热河化兵”的传说也被当作一种文化元素传承下来。

【阶段四】民间文化代代传

主持人 1：说到家乡的山水，大家如数家珍。我们的家乡不仅山好、水好，人更好！而且人人心灵手巧。

（多媒体播放视频《承德民间艺术》）

主持人 2：看完这段视频后，你有什么感受？

学生 6：承德有丰富多彩的民族工艺品，其中有“华夏一绝”的滕氏布糊画、核桃工艺品、丰宁剪纸、丝织挂锦、根雕、瓷雕、字画等具有民族特色的旅游工艺美术品。

学生 7：承德的工艺品是集艺术性、实用性、收藏性于一身的高档民族手工艺产品。我们要将这些艺术发扬光大。

【阶段五】地域特产美名扬

主持人 1：承德真是太厉害了！咱承德有山有水，有什么特产吗？

主持人 2：当然有！

学生 8：承德地处燕山腹地，北部是茫茫林海，广袤草原；中部为低山丘陵，林木茂盛；南部峰峦重叠，峡谷幽深。海拔

200～1600 米，最高峰雾灵山高 2118 米，春夏秋冬四季分明，植物资源非常丰富，是一个盛产土特产品的地方。著名的土特产品有杏仁、大扁、板栗、榛子、蕨菜（又称吉祥菜）、坝上蘑菇等。

【阶段六】突飞猛进现传奇

主持人 1：家乡美，水边的风儿轻轻吹，天空的燕子悠悠飞。

主持人 2：刚才大家把我们都带到了一个仙境，这些景观真让人流连忘返……

主持人 1：其实我们家乡的人文景观也值得介绍，你看！

（学生纷纷展示自己搜集及拍摄的图片：繁华的商业街、高楼耸立的大学城、城市未来规划图等）

【阶段七】心绣未来共期待

主持人 1：家乡的明天更值得我们期待。

主持人 2：说了这么多，现在恐怕难以用语言来表达我们对家乡的情感。

主持人 1：同学们，我们是祖国的未来，未来的承德也需要我们！长大以后我们可以为家乡做些什么呢？请同学们说一说。

学生 9：我将来要为家乡的秀美山川保驾护航，传承承德的文化精神。

学生 10：我要改善家乡的交通问题。

……

主持人（合）：让我们把这些祝福与心愿记在心里，积蓄理想的力量，把对家乡的热爱之情投入到学习之中吧！

【主题拓展与升华】班主任点评

同学们，今天的班会开得很好，很有意义，让大家深入全面地了解了我们的家乡——承德。在班会的准备过程中，同学们积极踊跃地收集承德文化、历史等知识和信息，增加了同学们热爱家乡的情感，坚定了将来回报家乡的信念，老师为你们的表现感到高兴。我相信，通过这次活动，同学们会满怀理想去迎接新的挑战，让我们共勉，未来的承德定会被你们建设得更加美好。

【主题班会结束】

【班会辅助资料】

《我爱承德我爱家》歌词。

承德，承德，我的家，
塞外一枝鲜艳的花，
历尽沧桑走进新世纪，
闪耀着古老灿烂的文化。
避暑山庄凝聚着盛世的辉煌，
座座寺庙回响着民族和睦的乐章。

磬锤雄峰阅尽多少人间春色，
甘甜的热河泉水让游子怀念家乡。
承德，承德，我的家，
塞外一枝鲜艳的花，
历尽沧桑走进新世纪，
闪耀着古老灿烂的文化。
滦河之水流淌着久远的歌声，
金山岭长城记载着民族业绩的丰功。
坝上草原扬起回归自然的欢笑。
清纯的塞外美酒醉倒了四海宾朋。
承德，承德，我的家，
塞外一枝鲜艳的花，
人人都说承德好，
我爱承德我爱家。

感悟、心得、体会

第三单元

我谈车间“7S”管理

导言

“7S”是一种将环境建设与行为建设相结合的管理文化，它能有效解决工作场所凌乱、无序的状态，有效提升个人的行动能力与素质，有效改善文件、资料、档案的管理，有效提升工作效率和团队业绩，使工序简洁化、人性化、标准化。

课时

1 课时

班会目标

1．走近“7S”，加强学生教育和管理，切实提高学生的整体素质。

2．规范学生的学习、生活，营造整洁优美的学习生活环境。

3．培养学生良好的行为习惯，提升职业素养，为今后快速适应企业的需求奠定良好的基础。

班会形式

讨论、情景剧表演、多媒体展示、歌曲表演等形式。

班会背景

职业学校要实现与企业的无缝对接，不但要使学生具备与企业岗位需求相适应的专业技能，而且还必须具有企业所要求的基本职业素养。在实习教学中引进“7S”管理，可以逐渐改变和规范学生的学习和工作态度，规范学生的工作行为，帮助他们养成良好的工作习惯，为学生具备现代企业员工的基本职业素养、达到准企业员工的标准奠定坚实的基础。

班会要点

1．主持人讲解“7S”管理的发展历史。
2．视频资料播放。
3．表演车间实习情景剧《大家来找茬》。
4．学生讨论。
5．合唱歌曲《众人划桨开大船》。

班会准备

1．PPT 课件制作，素材收集，“7S”管理知识查找及材料准备。
2．车间实习情景剧排练。
3．歌曲练习、班级布置。

班会过程

时　间		地　点	
主 持 人		班　级	

【阶段一】“7S”管理知识

“5S”管理起源于日本，是指在生产现场对人员、机器、材料、方法、信息等生产要素进行有效管理。这是日本企业独特的管理办法，因为整理（Seiri）、整顿（Seiton）、清扫（Seiso）、清洁（Seiketsu）、素养（Shitsuke）是日语外来词，在罗马文拼写中，第一个字母都为 S，所以日本人称之为“5S”。近年来，随着人们对这一活动认识的不断深入，有人又添加了“安全（Safety)、节约（Save)、学习（Study）”等内容，分别称为 6S、7S、8S。

所谓的“7S”就是“整理”（Seiri）、“整顿”（Seiton）、“清扫”（Seiso）、“清洁”（Seiketsu）、“素养”（Shitsuke）、“安全”（Safety）、“节约”（Saving）。

整理：增加作业面积，保持物流畅通，防止误用等。

整顿：工作场所整洁明了，一目了然，减少取放物品的时间，提高工作效率，使工作区域保持井然有序的状态。

清扫：把工作场所打扫干净，设备异常时马上修理，使之恢复正常。

清洁： 使整理、整顿和清扫工作成为一种惯例和制度，这是标准化的基础，也是一个企业形成企业文化的开始。

清洁（SEIKETSU）

素养： 让员工成为一个遵守规章制度，并具有良好工作素养习惯的人。

安全： 保障员工的人身安全，保证生产连续、安全、正常的进行，同时减少因安全事故而带来的经济损失。

节约： 对时间、空间、能源等方面合理利用，以发挥它们的最大效能，从而创造一个高效率的、物尽其用的工作场所。

“7S”管理的八大作用：

1．改善和提高企业形象。

2．提高生产效率。

3．改善零件在库周转率。

4．减少故障，保障品质。

5．保证企业安全生产。

6．降低生产成本。

7．改善员工精神面貌，使组织具有活力。

8．缩短作业周期，确保交期。

【阶段二】观看上海 11.15 火灾视频

2010年10月15日14时，上海静安区一栋高层公寓起火。事故导致58人遇难，71人受伤。事故的直接原因是由无证电焊工违章操作引起的。

（班主任总结）

【阶段三】表演车间实习情景剧《大家来找茬》

通过情景剧表演请同学们指出哪些行为违反了车间“7S”管理条例。

1．不列队进车间。2．工装不整。3．实习过程中打闹。4．错误使用工量具。5．清扫不仔细。6．摆放清扫工具不规范……

清扫（SEISO）

【阶段四】学生讨论

主持人： 经过刚才的学习，大家对车间“7S”管理有了深刻的了解，要求在实习过程中也能严格地执行，我们现在的车间实习，卫生状况很好，实习秩序也很好，大大提高了我们的实习效率。下面请同学们谈谈实行车间“7S”管理给我们带来了哪些好处。

（学生讨论）

【主题拓展与升华】班主任点评

“7S”管理为学校发展注入了新的活力。相信同学们也感受到了“7S”规范给我们的生活和学习带来的帮助和改变。校园环境变得干净、整洁、安全了，我们的学习、生活和实训环境变得整洁有序了，良好的生活和学习习惯也在逐步养成。随着近年来学校规模的迅速扩大，近几届毕业生都以其良好的职业精神受到用人单位的好评，但是，仍有少数学生不适应企业要求，在企业待不住，不能定点、如期完成顶岗实习任务，服从意识不强，职业核心竞争力弱。希望同学们能严格遵守“7S”管理规定，把自己塑造成充满自信，具有阳光气质、文明有礼品质和创新创业特质的高素质技能型人才！

【主题班会结束】唱响歌曲《众人划桨开大船》

【班会辅助资料】

《众人划桨开大船》歌词。

一支竹篙呀，难渡汪洋海
众人划桨哟，开动大帆船
一棵小树呀，弱不禁风雨
百里森林哟，并肩耐岁寒，耐岁寒
一加十，十加百，百加千千万
你加我，我加你，大家心相连
同舟嘛共济，海让路
号子嘛一喊，浪靠边
百舸嘛争流，千帆进
波涛在后，岸在前
一根筷子哟轻轻被折断
十双筷子哟牢牢抱成团
一个巴掌拍也拍不响
万人鼓掌声呀声震天

感悟、心得、体会

第四单元

低标准就业，高标准立业

导言

《疏》曰：“所营谓之事，事成谓之业。”事业承载着人们的理想与信念，有着什么样的价值观，就决定了有什么样的事业观。依旧有些青涩和害羞的我们，即将踏上那属于我们的立业之路，不要抱怨你所在的单位是那么不起眼，自己做着最基本的工作。想要有所作为，首先要懂得享受平凡，在平凡中武装自己，只有在基层锻炼好自己，之后才有可能成才，成才之后以高标准去建立自己的事业，才能走向成功。

课时

1课时

班会目标

1．让学生认识到初次就业的重要性，认真地自我剖析，摆正位置，端正就业姿态。

2．引导学生树立正确的立业思路，充分发挥自身优势，充分利用积累的经验，为立业奠定坚实的基础。

班会形式

案例分析、讨论、多媒体展示、歌曲表演等形式。

班会背景

学生即将面临顶岗实习，大部分学生对就业形势认识不清，部分学生心态不够端正，好高骛远，眼高手低，不能正确定位自己的人生，对于工作期望过高，不能适应企业的需求。他们急需通过正确的引导使其正确、顺利就业，为将来的职业发展奠定基础。

班会要点

1．就业形势视频及图片播放。
2．就业处老师谈就业。
3．职校生创业成功案例讲述。
4．分组讨论：工作态度对成就事业的重要性。
5．合唱歌曲《我的未来不是梦》。

班会准备

1．主持人主持词。
2．收集就业相关资料。
3．邀请就业处老师讲解就业形势。
4．搜集职校生就业成功案例。

班会过程

时　间		地　点	
主 持 人		班　级	

【阶段一】就业形势视频及图片播放

主持人（男）：同学们，我们即将面对的最主要问题就是顺利就业，这也是我们人生

的一个重要转折点。在当前就业形势不太乐观的社会环境下，希望我们都能根据自身的实际情况，认识自我，树立自信心，调整好自己的心态，为将来择业和就业奠定基础！

【阶段二】就业处老师谈就业

主持人1：面对即将到来的顶岗实习生活，同学们既期待又迷茫，我们中职生到底能做什么？实习会很苦很累吗？有的同学彷徨失措，怕被淘汰；有的同学踌躇满志，欲大展拳脚。那么，企业对我们又有怎样的要求呢？下面，有请就业处的××老师来为大家谈谈就业情况。

（老师从心理调适、市场需求、工作现状、岗位发展方向等方面展开说明）

【阶段三】职校生就业成功案例讲述

主持人2：在我们身边就有很多优秀的毕业生，他们在校时努力学习，工作后抓住机遇，刻苦钻研，成为了学校的骄傲，为我们树立了学习的榜样。

冀子乾，男，河北邯郸人，中国共产党党员，承德工业学校09级机电一体化专业，在校期间担任系学生会主席，现任北京汽车股份有限公司北京分公司计保部设备维修组组长，负责设备管理、维修与保养等相关技术工作。工作中他兢兢业业，刻苦钻研，常利用下班时间加强学习。他带领的团队经常出色地完成工作任务，得到了单位领导的一致认可和好评。

吴祖培，男，河北廊坊人，承德工业学校10级旅游航服专业，就业时经学校推荐及层层考核之后，是河北省唯一一名职业学校学生，被中央人民政府驻澳门联络办公室选中，现在澳门特别行政区工作。吴祖培同学在校表现突出，思想进步，崇尚技能，乐于奉献，就业实习前，在北京钓鱼台国宾馆接受了近一个月的强化训练，岗前培训成绩优秀，实习时先是在珠海工作，由于他各方面表现突出，领导决定提前把他派到澳门。他在澳门工作更是出色，目前已成为中央人民政府驻澳门联络办公室接待中心的骨干，转正后月薪已经达到15 000元。

班主任点评：同学们要认清就业形势，转变观念，积极就业；珍惜在校的最后时光，努力考取职业资格等级证书；树立信心，勇敢攀登，轻装上阵。

【阶段四】分组讨论：工作态度对成就事业的重要性

分组讨论：总结出用人单位最喜欢的工作态度与用人单位最不喜欢的工作态度。比如用人单位最喜欢的态度是准时、诚实、可靠、稳定、主动合作、学习、幽默、乐于助人；最不喜欢的态度是迟到、懒惰、孤立、强词夺理等。

同学通过自我反思，激励自己改变工作态度，为事业的成功奠定基础。

【主题拓展与升华】班主任点评

立业既是立能力，更是立心智。只有拥有成熟的心智，才是一个健全的人，才能做出一番事业。希望同学们能够认清自身的条件，根据个人的爱好和特长，认真踏实地选择一家适合你的企业，进行人生的历练。在踏上工作岗位之后，不要好高骛远，要立足岗位，勤勤恳恳、兢兢业业地工作，多积累工作经验。把握住机遇，确立更高的目标去立业，完成自己的梦想！最后，预祝同学们事业有成！

【主题班会结束】合唱歌曲《我的未来不是梦》

主持人（合）：同学们，让我们不断完善自我，低标准就业，高标准立业！让我们一起唱响《我的未来不是梦》。

【班会辅助资料】

1．就业相关视频资料。

2．职校生就业成功案例。

感悟、心得、体会

第五单元

做知法维权的职业人

导言

工作是生活的一部分，它是我们实现理想的主要途径。那么，同学们，你们准备好签约上岗了吗？你们知道在合法权益受到侵害时应该如何维护吗？为了今后更加顺利地工作，为了能在未来的岗位上最大限度地实现自身的价值，成为优秀的员工和成功的职场人，让我们一起了解与劳动权益相关的法律常识吧，它可以丰富我们的思想，武装我们的头脑，让我们成为知法维权的职业人！

课时

1 课时

班会目标

1．利于学生提前认清职场中形形色色的陷阱，有效保护劳动者的合法权益。
2．提高学生的维权意识，有利于稳定未来的劳动关系。
3．提高学生对于劳动法律的认知，锻炼学生的应用能力。

班会形式

讲授、案例分析、讨论等形式。

班会背景

职场中有机遇，也有陷阱，初入职场的学生防范意识比较差，如果没有法律的支持和保护，面对职场中的各种问题时，就会缺乏分辨和正确的应对能力，自身的合法权益很容易受到不法侵害。

班会要点

1．通过经典案例解析，提高学生在职业生涯中的法律维权意识。
2．对主要劳动法律法规知识的分析能提高学生的防范能力。
3．相关劳动法律法规知识的讲解为学生今后的维权奠定坚实的法律基础。

班会准备

1．学生分组。
2．职场经典案例搜集。
3．将所提问题提前在黑板上写好。
4．班主任老师掌握好相关劳动法律的基础知识。

班会过程

时　间		地　点	
主 持 人		班　级	

【阶段一】主题导入

班主任：就业是我们人生中最重要的问题之一。随着我国法律日臻完善，劳动关系的稳定对于社会和谐发展起到了至关重要的作用。所以，从今天起，我们要加强学习，做一个知法的公民，维护好自身的合法权益。

【阶段二】经典案例解析

主持人：同学们，如果你是下面案例中的当事人，请问你该如何维权?

案例：李某所在的公司经常占用工人的休息时间让工人加班加点。2011 年国庆节期间，公司又安排劳动者加班，但此时李某因母亲生病而请了两天假回家探望母亲。到月底发工资的时候，李某发现自己的全勤奖金没有了，而且还扣发了 2 天假期的工资。

（大家分析讨论）

案例解析：为了完成工作任务，法律允许安排工人加班加点工作，但是得在劳动者自愿加班的前提下，本案中李某请假是在国庆期间，而且国庆节是法定假日，劳动者享有 3 天的法定假期。企业的做法已经严重侵害了劳动者的休息、休假的权利，因此，企业不应该扣发李某的全勤奖和 2 天休假的工资，其行为应当受到劳动保障部门的查处。

【阶段三】主要劳动法律法规知识分析

主持人：请同学们看黑板，分组回答问题，并说明理由。

1．与用人单位签订合同是从用工之日起还是在试用期过后?

2.单位能不能收取劳动者押金？常见的押金形式有哪些?

3．法律对于加班加点工资的补偿标准是什么?

4．哪些情况可以算工伤?

（学生分组讨论回答）

【阶段四】相关劳动知识学习

1．法律规定试用期最长时间是多少?

答：《中华人民共和国劳动合同法》第十九条规定：

（1）劳动合同期限 3 个月以上不满 1 年的，试用期不得超过 1 个月。

（2）劳动合同期限 1 年以上不满 3 年的，试用期不得超过 2 个月。

（3）3 年以上固定期限合同和无固定期限合同的，试用期不得超过 6 个月。

因此，试用期最长不得超过 6 个月。

2．你知道劳动者应享有哪些休息休假的权利吗?

答：劳动者享有的休息休假种类有：

（1）工作间隙休息时间。（2）日休息。

（3）公休假日。（4）法定假日。（5）探亲假。（6）婚假。

（7）产假。（8）丧假。（9）带薪的年休假。

3．用人单位必须得给员工上社会保险吗?

答：社会保险的主要项目包括基本社会养老保险、社会医疗保险、失业保险、工伤保险、生育保险等。根据法律规定，用人单位和劳动者必须依法参加社会保险，缴纳社会保险费。在合同期限内，用人单位未依法为劳动者缴纳社会保险费的，劳动者不仅可以随时解除劳动合同，保留向用人单位追缴社会保险费用的权利，还可以向用人单位要求支付经济补偿金。

4．什么情况下用人单位在试用期内可以解除合同?

答：《中华人民共和国劳动合同法》第三十九条规定，在试用期内，有下列情况之一的，用人单位可以解除劳动合同：

（1）在试用期间被证明不符合录用条件的。

（2）严重违反用人单位的规章制度的。

（3）严重失职，营私舞弊，给用人单位造成重大损害的。

（4）劳动者同时与其他用人单位建立劳动关系，对完成本单位的工作任务造成严重影响，或者经用人单位提出，拒不改正的。

（5）出现以欺诈、胁迫手段或者乘人之危，使对方在违背真实意思的情况下订立或者变更劳动合同的。

（6）被依法追究刑事责任的。

除上述情形外，用人单位不得在试用期内解除劳动合同。

【主题拓展与升华】班主任点评

同学们，你们即将踏入工作岗位，将要开始独立的生活，会面对更多的机遇，同时也有陷阱。首先，你们一定要有自己明确的职业生涯规划；其次，要注意求职择业过程中以及就业上岗后的合法权益自我保护。所以，你们一定要加强日常生活中对相关法律知识的学习，多了解维权的方法，这样才能更好地维护自身的合法权益，以便将来能够顺利择业，愉快上岗，并在今后的事业上有所建树。同时，也请你们记住：今天工作不努力，明天努力找工作。我希望每位同学都能成为知法维权的职业人。

【主题班会结束】诵读警示名言

维护合法权益，共建和谐社会。

学法明理，用法维权，做新时代知法维权的职业人。

【班会辅助资料】

感悟、心得、体会

第六单元

第二现场——模拟招聘会

导言

本次班会旨在为即将毕业的学生提供一个近距离接触招聘现场的平台，使其全方位地了解招聘的相关知识和技巧，并为他们提供一个展现自我的舞台。在模拟招聘过程中，我们将对每一位学生进行耐心的指导和真诚的交流，为其提供宝贵的经验，同时也为同学们了解和及时调整自己的学习和择业进行定位。

课时

1 课时

班会目标

1. 给学生提供一个交流的平台，锻炼其应变能力和表达能力。

2. 引导学生转变就业观念，正确对待就业、择业和创业。

3. 让学生了解应聘的礼仪，提高学生的求职技巧，增强学生的心理素质，提高学生的应聘能力和社会竞争力。

班会形式

表演、提问等形式。

班会背景

学生在走向工作岗位前，会有企业陆续到学校来选聘人才。在激烈的竞争中，同学们要提高自己在未来求职路上的竞争力，努力争取招聘企业的认可，从众多的应聘人员中脱颖而出，最终如愿找到理想的工作单位。模拟招聘会同时也为企业与学校和学生开展更广泛的交流建立了平台。

班会要点

1．简历评比。
2．应聘选手自我介绍。
3．对所应聘职位的竞职演说。
4．招聘面试官提问。
5．老师做指导总结。

班会准备

1．对应聘的学生（10人）和模拟招聘单位人员（5人，包括1名班主任和4名学生）以及工作人员（2人）进行分组。

2．规范不同角色的着装。

3．应聘学生准备好个人简历。

4．模拟招聘单位提前准备好面试问题。

5．会场布置（背景、模拟招聘单位席位摆放等）。

班会过程

时　间		地　点	
主 持 人		班　级	

【阶段一】简历评比

由班长将应聘人员逐一引入教室，应聘人员将简历交给自己中意的招聘单位，然后在等候席位上坐好。请招聘单位评选出优秀简历并安排工作人员通知优先进入面试的人员名单。

【阶段二】面试阶段

按照招聘单位定好的面试顺序逐一进行。

第一关：自我介绍（应聘者自我介绍1分钟）

第二关：对所应聘职位进行竞职演说（应聘者竞职演说1分钟）

第三关：评委现场提问（每位竞聘者限时2分钟或者限3个以内的问题）

典型问题如下：

1．你为什么来应聘这份工作？（或为什么你想到这里来工作？）
2．你对加班有什么看法？
3．你对我公司有什么认识？
4．我们为什么要聘用你呢？
5．你最喜欢哪门课程？为什么？
6．你参加过什么业余活动？有什么实践经验吗？

【主题拓展与升华】班主任点评

这次班会为就业实践提供了有效渠道，通过本次活动，广大同学亲身体验了现场求职的气氛，从全方位、多角度地了解了市场需求，提升了自身实践能力。同时，通过观察，可以对自身存在的不足进行针对性的改正。希望同学们能够迈出就业起跑线上的第一步。

【主题班会结束】

【班会辅助资料】

面试准备（服饰仪容、语言交流、肢体动作等方面由教师进行指导）。

感悟、心得、体会

第七单元

创业改变人生

导言

鉴于目前的就业形式，有必要结合本校的就业情况与职场趋势，了解充满机遇与挑战的时代环境，明确时代对人才的要求，即是智能型、复合型、社会型、创新型和创业型。职校学生只要不断努力掌握专业技能，善于创新，敢于竞争，就一定能适应社会发展的新要求，也一定会取得成功。

课时

1 课时

班会目标

1．帮助学生了解自己、了解社会，树立正确的择业观、创业观和就业观。
2．帮助学生了解创业者必须具备的品质。
3．调动学生创业思维的积极性和主动性，为将来的创业活动奠定基础。

班会形式

讲述、案例、多媒体展示、诗朗诵、歌曲表演等形式。

班会背景

学生要转变“自己需要”“受雇生存”“受雇是别人给你的权利”等不恰当的观念，树立起“为自己生活负责，做生活的强者，必须创业”的观念。使学生的学习目的迈向更高的层次——创业。有了强有力的学习动机，必然会激发学生更高层次的学习需求，学习的自觉性和积极性才会越高，学生的主体作用才会发挥得更充分。

班会要点

1．成功人士创业故事分享。
2．本校毕业生成功创业案例分享。
3．诗朗诵《青春在创业中闪光》。
4．合唱歌曲《在路上》。

班会准备

1．主持人主持词。
2．成功人士创业故事收集。
3．本校毕业生采访或邀约（资料准备）。
4．诗朗诵练习。
5．歌曲伴奏带准备及练习。

班会过程

时　间		地　点	
主 持 人		班　级	

【阶段一】主题导入

主持人：人的一生是奋斗的一生，但是有的人一生过得很伟大，有的人一生过得很琐碎。如果我们有一个伟大的理想，有一颗善良的心，我们一定能把很多琐碎的日子堆砌起来，变成伟大的一生。但是如果你每天庸庸碌碌，没有理想，不求进步，那么你未来的日子堆积起来将会是一堆琐碎。

【阶段二】成功人士创业故事分享

郑震，上海市城市科技学校2010届电子与信息技术专业毕业生。在校期间，他虽然不是班里的学习尖子，但却是班里的活跃分子，总是积极参加各种校园活动，一心想提高自己的综合素质和综合能力。怀着毕业后自主创业的梦想，他对学校的职业生涯课和职业指导课尤其感兴趣，在课堂上努力汲取创业知识，并在社会实践活动中培养创业能力。

2009年9月，一直想自主创业的郑震在家人的帮助和支持下，在学校和老师的关心下，向银行贷款，成立了无锡本佳金属材料有限公司，成为一家小规模公司的法人代表，专门从事钢材批发和销售，最初的公司人员只有5名。

创业初期，自认为从小耳濡目染生意环境、有一点生意头脑的郑震，雄心勃勃，但却屡屡受挫，很多事情计划得很好，实施起来却很难，公司有货但接不到订单，好不容易接到订单，又找不到货源。郑震深深地感觉到前所未有的压力，甚至有了打退堂鼓的想法。但他不是一个轻易认输的人。经过不断地反思和总结，郑震选择了坚持，使公司业务逐渐走上正轨……目前公司已有10名员工，钢材销售和批发的经营区域由原来的无锡市拓展到江苏省各城市，业务量不断增加，公司也开始赢利。

眼下，郑震又为公司制定了新的发展规划，立志在五年内将经营区域由原来的江苏省延伸到浙江省和上海市，业务量增加两倍，经营利润翻番，同时进军汽车维修和装潢领域。

【阶段三】本校毕业生成功创业案例分享

主持人：创业是时代的主旋律，青年是创业的生力军。青年作为创业的先锋，在引领行业、推动社会发展中起着重要的作用。在风起云涌的创业大潮中，请看我们的师兄师姐们是如何开创自己的美丽人生的。

（老师讲述，也可根据实际情况，邀请本校创业成功的毕业生现场交流或是播放采访视频）

【阶段四】诗朗诵

主持人：请欣赏××同学带来的诗朗诵《青春在创业中闪光》。

【阶段五】合唱歌曲《在路上》

【主题拓展与升华】班主任点评

创业精神是时代精神的反映，是特定的时代对人们提出的要求。每一个创业者都必须坚持终生学习，不仅要学习专业知识技能，还要学习创业常识，学公关，学交际，学经营管理，学做人之道……事物在不断变化，知识在不断更新。因此，学习永无止境，必须持之以恒。有无数的创业成功者，他们的奋斗宗旨，几乎都是为了实现自己的人生价值。而真正的人生价值，是为社会、为人类创造财富，创造文明。在将来，当你回首往事时，“不因虚度年华而悔恨，不因碌碌无为而羞耻”。

同学们，你们是跨世纪的新一代，时代期盼着你们每一个人都能充分发挥自己的潜能，我们应当相信自己的潜能，坚信别人能学会的本领，能办成的大事，我也能。我深信，你们无论在哪个岗位上进行实践，都一定能够获得成功，并能不断地从成功走向辉煌的未来。

【主题班会结束】

【班会辅助资料】

1．创业教育相关视频。

2．《青春在创业中闪光》诗朗诵。

青春是激情燃烧的岁月，正值青春年华的年轻人，饱读文学，沐浴科技，拥有气吞万里的霸气。时势造英雄，美好的愿望，崇高的信念，年轻的我们充满自信，相信自己一定可以驾驭时代的列车；但同时我们要明白，年轻，不等于急躁；年轻，不等于鲁莽；年轻，不等于失去理智。我们还年轻，应该努力学习，让青春在自由的国度里飞翔，直冲云霄。

有人说，当今社会竞争日趋激烈，创业太难，而且创业又是一个充满艰辛和挑战的过程，把大好青春放在创业上是不理智的选择，更是对生命的不负责任。的确，社会的进步，科技的发展，给当代人带来了巨大的挑战。海尔集团总裁张瑞敏在回顾自己创业历程时，有过这样的感觉：当厂子规模很小，效益不景气，四处寻求援助的时候，甚至想过另寻出路，但最终坚持下来了，一步步地走了出来。直到今天，作为海尔集团首席执行官，他对自己的选择只有一句话，那就是“永不后悔”。平凡的言语，展示着新时代企业家的高大形象，坚定的信念道出了青春无悔的宏伟气魄。难道还有谁会说青春创业是一种不明智、不负责任的选择吗？恰恰相反，正是这样的抉择，给青春蒙上了一层神秘的面纱，使青春在创业中闪光。作为一名拥有青春的年轻人，更应该珍惜青春，努力让青春成为一个永恒的主题。把青春与创业用时代的红线连成一体，既让创业充满青春的活力，又使青春得以在创业中闪光，何乐而不为呢？

青春是一首歌，儿时的歌；青春是一场梦，一个美好的梦；创业是一个使命，是一个大鹏展翅的契机；创业是一种理念，是智者的殿堂。让青春乘着歌声的翅膀，在自由的国度里飞翔，为创业配上青春的乐符，让青春在创业中闪光吧！

3．《在路上》歌词。

那一天
我不得已上路
为不安分的心
为自尊的生存
为自我的证明
路上的辛酸已融进我的眼睛
心灵的困境已化作我的坚定
在路上 用我心灵的呼声
在路上 只为伴着我的人
在路上 是我生命的远行
在路上 只为温暖我的人
温暖我的人
在路上 用我心灵的呼声
在路上 只为伴着我的人
在路上 是我生命的远行
在路上 只为温暖我的人
温暖我的人

感悟、心得、体会

第八单元

师长恩情，永驻心中

导言

对于每一个人来说，老师都是最值得我们尊敬和感恩的人。无论是领袖、将军、作家，还是普通的劳动者，都受到过老师的教诲与启迪，我们的成长都凝结着老师的心血和汗水。他们言传身教，用自己的知识和独特的人格魅力培养并影响了一代又一代优秀的学生。

课时

1 课时

班会目标

1．培养学生尊师重教的良好品德。

2．使学生理解教师工作的辛劳，让学生体谅老师的良苦用心，做到师长的恩情不能忘、不敢忘、永不忘。

班会形式

歌曲表演、诗歌朗诵、讲故事、讨论等形式。

班会背景

“凤凰花开，离歌响起”。两年的技校生涯已接近尾声，我们带着无限的思绪回顾两年来走过的人生道路，感慨万千，挥之不去的是老师对我们的循循善诱和谆谆教诲，我们要感谢老师的实在太多太多了……

班会要点

1．伴着音乐《感恩的心》，学生诗歌朗诵《老师，您辛苦了》。
2．身边的感动故事（谈谈你和老师之间发生的感人故事）。
3．名人尊敬老师的故事。
4．学生发言。
5．制作感谢师恩卡。
6．合唱歌曲《感恩的心》。

班会准备

1．主持人主持词。
2．歌曲准备。
3．图片、视频资料收集，制作 PPT 课件。
4．准备感谢师恩卡所需材料。

班会过程

时　间		地　点	
主 持 人		班　级	

【阶段一】诗朗诵《老师，您辛苦了》（背景音乐《感恩的心》）

主持人：同学们，今天我们要借此机会来表达对老师的热爱之情、崇敬之情和感激之情。鲜花感恩雨露，因为雨露滋润它成长；苍鹰感恩长空，因为长空让它飞翔；高山感恩大地，因为大地让它高耸；而在我们身边，也有很多的人值得我们感恩，此时此刻，我们最想感谢我们的老师。

下面，请听诗歌朗诵《老师，您辛苦了》。

【阶段二】老师工作图片展

主持人：有人说，教师是人类灵魂的工程师。是的，当我们刚入学的时候，年少懵懂，是老师们无微不至的关怀，耐心地指导我们如何做人、如何做事。当我们犯了错误的时候，或是彷徨无奈的时候，又是老师循循善诱地启迪我们，仿佛是在我们的心灵深处点燃了一盏明亮的灯，把我们的人生引向光明的彼岸。如果说学校是知识的源泉，那么在我们学习知识的过程中最离不开的就是老师了。在我们每天的生活中，接触最多的也是老师，那么，我们有没有仔细观察过老师的工作有多么辛苦，他们为了教育事业付出了多少艰苦的劳动呢？

（伴随歌曲《我爱米兰》，展示教师辛勤工作的图片）

【阶段三】身边的感动故事

学生讲述：自己印象最深的一位老师与小学、初中，甚至是辅导班上的某位老师发生的感人故事。老师根据学生的发言进行总结，也可以讲述自己的经历。

【阶段四】名人尊师故事

主持人：老师的形象是平凡的，但老师的精神却是伟大的。他们是知识的传播者，他们是灵魂的启迪者，他们是太阳底下最高尚的人。我国是一个文明古国，自古以来就有尊敬老师的优良传统。让我们听听名人名家尊师的故事。

（播放课件 PPT，展示名人尊师的故事）

主持人：老师是人类灵魂的工程师，尊敬老师是我们应有的道德准则。这些著名的尊师故事，更值得我们好好学习。

【阶段五】制作感谢师恩卡（背景音乐《我爱米兰》）

学生制作感谢师恩卡，写上对老师想说的话和祝福，送给老师做纪念。

【主题拓展与升华】班主任点评

亲爱的同学们，今天的主题班会，让我深深地感受到了你们的成长，作为一名教师，有两个希望，一是希望你们做好人，二是希望你们学习好。有人把人才分为四类：有德有才，有德无才，有才无德，无德无才。我相信同学们都是人才，因此希望你们做有德有才的人，不要成为有才无德的人。要成为有德有才的人，就必须养成良好的习惯，做文明的学生。父母养育你们，老师栽培你们，虽然这些是父母与老师应该做的，但大家应该怀揣一颗感恩的心，用心去体会父母和老师对你们的关心和爱护。学会感恩，你才会去帮助应该帮助的人，也才能得到别人的帮助。

【主题班会结束】全班合唱《感恩的心》

【班会辅助资料】

1. 诗歌朗诵《老师，您辛苦了》。

是谁——把无知的我们领进宽敞的教室，
教给我们丰富的知识？
是您！老师！
您用辛勤的汗水，

哺育了春日刚破土的嫩苗。
是谁——把调皮的我们教育成能体贴帮助别人的人?
是您！老师！
您的关怀就好似温柔的春风
温暖了我们的心灵。
是谁——把幼小的我们培育为成熟懂事的少年?
是您！老师！
您的保护让我们健康成长，
在金秋时节结下硕果。
您辛苦了！老师！
您在酷暑严寒中辛勤耕耘。
您辛苦了！老师！
您把青春无私奉献。
我们向您致以崇高的敬意！
您辛苦了，老师！
老师——您如春天中的细雨，
滋润着花儿，灌溉着大地，
而我们吮吸着细雨，茁壮成长。
老师——您如秋天里的一丝风，
吹黄了大地，唤醒了稻谷，
让我们收获了丰硕的果实。
老师——在我黑暗的人生道路上，是您为我点燃了一盏最明亮的灯；
老师——在我迷蒙的人生道路上，是您做了我的引路人；
老师——在我漫漫的人生道路中，是您为我指明了前进的方向；
老师——是您给了我一双强有力的翅膀，让我在知识的海洋里遨游！

2. 《感恩的心》歌词。

我来自偶然　像一颗尘土
有谁看出我的脆弱
我来自何方我情归何处
谁在下一刻呼唤我
天地虽宽这条路却难走
我看遍这人间坎坷辛苦
我还有多少爱　我还有多少泪
要苍天知道我不认输
感恩的心感谢有你
伴我一生　让我有勇气做我自己
感恩的心感谢命运
花开花落我一样会珍惜

3. 《我爱米兰》歌词。

老师窗前有一盆米兰，
小小的黄花藏在绿叶间。
（啦啦啦啦啦）
它不是为了争春才开花，
默默地把芳香洒满人心田。
（我爱老师）
就像爱米兰。
（啦啦啦啦啦）
啊，米兰；啊，米兰，
像我们敬爱的老师，
像我们敬爱的老师，
我爱老师。
像我们敬爱的老师，
我爱老师。

老师窗前有一盆米兰，
小小的黄花朴素又明朗。
它不是为了赞扬才开花，
悄悄地用青春把祖国装点。
啊，米兰；啊，米兰，
像我们敬爱的老师，
（我爱老师）
就像爱米兰，
啦啦啦啦啦，
啦啦啦啦啦，
啦啦啦啦啦啦。

感悟、心得、体会

第九单元

让学院精神在企业闪光

导言

在当今的社会形势下，职业院校学生能否在职场取得成功，不仅取决于他的知识和技能是否扎实，更在于其职业素养的高低。目前，职校生的整体素质难以满足用人单位的需求，其最大不足是爱岗敬业、踏实肯干、与人合作等基本的职业素养仍有待提高。因此，有必要通过校园文化建设、德育教育、校企合作等方式促进学生提升职业素养，树立敬业意识，拥有创业能力，为养成良好的职业道德素养打下坚实的基础。与此同时，帮助学生树立开拓务实的职业观、创业观和择业观，让学院精神在企业闪光。

课时

1 课时

班会目标

1．认识职校生职业素养的基本要求，即对人守信、对事负责、敬业工作。

2．培养学生观察、分析和表达能力，为人处世与社会生活的能力，引导学生践约守信、爱岗敬业。

3．增强对他人、对社会的责任感，树立正确的为人处世态度，鼓励学生干一行、爱一行，立足本职，扎扎实实为社会作贡献。

班会形式

讲故事、讨论、歌曲表演等形式。

班会背景

即将走向职场的学生对职业要求和规划存在着不同程度的困惑，不少学生在择业上还存在一定的盲目性和从众性，以及心浮气躁、好高骛远的心态，缺乏踏实肯干、吃苦耐劳的品质。爱岗敬业的职业素养仍有待提高。

班会要点

1. 讲述乐业故事并进行点评。
2. 讲述敬业故事并进行点评。
3. 讲述勤业故事并进行点评。
4. 小组讨论。
5. 合唱歌曲《飞得更高》。

班会准备

1. 主持人主持词。
2. 故事收集整理。
3. 歌曲练习。

班会过程

时　间		地　点	
主 持 人		班　级	

【阶段一】

主持人：同学们，在校的两年时间里，我们每天都接受“厚德强技，成才报国”的学校精神熏陶。学校也一直在致力于把我们培养成“人格高尚、行为规范、技能过硬、知识全面、特长突出、终身发展”的人才。那么即将进入职场、走上工作岗位的我们应该遵守的最起码、最基本的规范是什么呢？这就是我们今天班会要学习的核心内容。

【阶段二】乐业

知之者不如好之者，好之者不如乐之者。——孔子

主持人：一个人如果选择了自己喜欢的职业，那将是一件很快乐的事。喜欢某一职业是不是就叫乐业?

（学生回答）

主持人：乐业体现在两个方面，其一是态度，其二是行为。在态度上，应有对职业发自内心的热爱。而要想发自内心地去爱，就必须了解、理解他在社会上的地位、意义，使自己有一种强烈的责任感、使命感，把自己所从事的职业当作事业去追求。只有在这样的工作理念下，才可能在行动上不怕苦、不怕累。最大限度地发挥自己的聪明才智，创造性地去工作。下面请听一个小故事。

有人问三个盖楼工人同一个问题：“你在干什么？”第一个说：“我在在砌砖。”第二个人说：“我在做每小时赚10美元的工作。”第三个人说：“我在建造世界上最伟大的殿堂。”想一想，如果你是三个人中的一个，你同意谁的回答，为什么？（提问3～4名学生）

教师点评：前两位工人缺少对工作的热情和对职业的想象力，于是就缺少了推动他们取得更大成功的动力；而那位认为自己是在建造一座世界上最伟大殿堂的工人，他可能就会通过“勤奋+想象力”而成为著名的建筑设计师。由此可见，乐业能让人进入一种忘我的境界，与自己所从事的工作融为一体，情感、智慧、才华喷涌而出，奉献给社会大众。你因

工作而快乐，社会大众因你而快乐，这也要求我们干一行，爱一行，即择你所爱，爱你所择。

【阶段三】敬业

野田圣子于1985年进入东京帝国饭店工作。但万万没想到的是，上司竟安排她做洗厕工，每天都必须将马桶擦洗得光洁如新。心理作用使她几欲作呕。本想立即辞去这份工作，但她又不甘心刚刚走进社会的自己这么快就败下阵来。因为她初来时曾经发誓：一定要走好人生的第一步！就在这个时候，酒店的一位老员工出现在她面前，二话不说，拿起工具亲手演示了一遍：一遍又一遍地擦洗马桶，直到光洁如新，然后将擦洗干净的马桶装满水，再从马桶中盛出一杯水，连眉头都没皱一下就一饮而尽了，整个过程没有丝毫做作。野田圣子从此暗下决心，即使一辈子洗厕所，也要洗出成绩来。此后，为了检验自己的自信，为了证实自己的工作质量，也为了强化自己的敬业心，她曾多次喝过自己擦洗过后的马桶里装的水。1987年，野田圣子当选为岐阜县议会议员，是当时最年轻的县议员。1998年7月担任小渊惠三内阁的邮政大臣，是当时日本最年轻的阁员。直到现在，据说野田圣子每次自我介绍时还总是说：“我是最敬业的厕所清洁工和最忠于职守的内阁大臣！”

老师点评：择业并不难，难的是敬业。一个恪尽职守、忠诚敬业的人，必将能成就事业的辉煌；否则，好高骛远，眼高手低，挑肥拣瘦，无所用心，把事业当成混饭吃的职业，最终将一事无成，平庸一生。

【阶段四】勤业

业精于勤而荒于嬉，行成于思而毁于随。——韩愈

1．时传祥出生在一个贫苦农民家庭。他14岁时逃荒流落到北京城郊，受生活所迫当了掏粪工。在旧中国，掏粪工不仅受到社会的歧视，还要受行业内部一些恶势力的压榨和盘剥。时传祥在这些粪霸手下一干就是20年，受尽了压迫与欺凌。解放后，新中国给了他做人的尊严，工人阶级当家做主使他扬眉吐气，他对党充满感激。他用一颗朴实的心记住了一个简单的道理：掏粪也是社会主义事业的一部分。他把掏粪当成十分光荣的劳动，以身作则，以苦为乐，不分分内分外，任劳任怨，满腔热情，全心全意为人民服务。1954年，他被评为先进工作者，1956年当选为崇文区（现已归为东城区）人大代表，同年6月加入中国共产党。1959年，时传祥作为全国先进生产者参加了在北京召开的全国“群英会”，国家主席刘少奇握着他的手，亲切地说：“你掏大粪是人民勤务员，我当主席也是人民勤务员，这只是革命分工不同。”时传祥高兴地表示：“我要永远听党的话，当一辈子掏粪工。”自此以后，他更加努力，更加热爱本职工作。时传祥1975年病逝，终年60岁。去世前，他还反复叮嘱，让儿子继承父志，也当一名称职的环卫工人。

2．有一个年轻人在美国石油公司工作。他的工作就是巡视并确定石油罐的盖子有没有自动焊接好。石油罐在输送带上移动至旋转台上，焊剂便自动滴下，沿着盖子回转一圈，作业就算结束了。他每天如此反复地观察着这项作业。他发现罐子旋转一次，焊剂滴落39滴，焊接工作便结束。于是，他努力思考：如果能将焊剂减少一两滴，是否能够节省成本。经过一番研究，他终于研制出“38滴型焊接机”。虽然节省的只是一滴焊剂，但却给公司

带来了每年数亿美元的利润。这个青年就是后来美国的石油大王——约翰·洛克菲勒。“节省一滴焊剂”的智慧改变了洛克菲勒的人生。

老师点评：乐业、敬业、勤业，三者相辅相成才能成就事业，乐业是爱岗敬业的前提，是一种职业情感；敬业是爱岗敬业的条件，是一种执着的、完美的追求，这也是走向职场的最基本素养；勤业是爱岗敬业的保证，是一种优秀的工作态度。

【阶段五】小组讨论

讨论：爱岗敬业的职业素养是职校学生走向职场的必备条件。

主持人：同学们，我们马上就要走向自己的工作岗位了，那么我们如何能学以致用并在工作岗位上做到爱岗敬业，不断取得成功，把我们学校的精神发扬光大呢？下面请大家分组讨论，并推荐代表发言。

（小组谈论，代表发言）

主持人：刚才同学们进行了广泛而深入的讨论，各小组都做了发言，可谓见仁见智。要在工作岗位上做到爱岗敬业，不断追求卓越，并立于不败之地，就要记住以下几点：

第一，要拥有良好的职业态度，即要做到低姿态就业，高标准立业，全身心创业，切忌好高骛远。

第二，要具备良好的职业道德，即要遵纪守法、诚实守信、勤业敬业、团结协作、任劳任怨、开拓创新。

第三，要塑造良好的职业形象，既要注重仪容仪表，又要不断学习，加强修养，做到内外兼修。要知道，良好的职业形象与个人的职业发展紧密相连，在求职、工作、生活和社交活动中起着关键性的作用。

最后，要有扎实的职业技能，我们职校生要把在学校所学知识和技能运用到工作当中，并在具体的工作实践中不断学习、不断创新，这也是在职场立于不败之地的重要因素。

【主题拓展与升华】班主任点评

看到同学们热情地参与、积极地发言，我感到十分欣慰，你们即将走向工作岗位，一个人要想在社会上立足，干出一番事业，就必须具有爱岗敬业的素质，要在工作岗位上学以致用，不断创新，不断追求卓越，才能真正把学校“厚德励能，成才报国”的精神发扬光大。因此，从现在起，我们就要在学习、工作和生活中，踏实做人、严于律己，做一个德才兼备，对社会有贡献的人。

【主题班会结束】合唱歌曲《飞得更高》

【班会辅助资料】

《飞得更高》歌词。

生命就像一条大河
时而宁静时而疯狂
这谜样的生活锋利如刀
一次次将我重伤
我知道我要的那种幸福
就在那片更高的天空
我要飞得更高　飞得更高
狂风一样舞蹈　挣脱怀抱

现实就像一把枷锁
把我捆住无法挣脱
就在那片更高的天空
我要飞得更高　飞得更高
狂风一样舞蹈　挣脱怀抱
我要飞得更高　飞得更高
翅膀卷起风暴　心生呼啸
我要飞得更高　飞得更高

我要飞得更高　飞得更高
翅膀卷起风暴　心生呼啸
飞得更高
一直在飞　一直在找
可我发现　无法找到
若真想要　是一次解放
要先剪碎　这有过的往
我要的一种生命更灿烂
我要的一片天空更蔚蓝
我知道我要的那种幸福
狂风一样舞蹈　挣脱怀抱
我要飞得更高　飞得更高
狂风一样舞蹈　挣脱怀抱
我要飞得更高　飞得更高
翅膀卷起风暴　心生呼啸
飞得更高
……
……
……
……

感悟、心得、体会

第十单元

别了，母校

导言

毕业，是一个沉重的动词；毕业，是一个让人一生难忘的名词；毕业，是感动时流泪的形容词；毕业，是当我们孤寂的时候，带着微笑和遗憾去回想时的副词；毕业，是我们夜半梦醒，触碰不到而无限感伤的虚词。若干年后，假如我们还能够想起那段时光，也许这不属于难忘，也不属于永远，而仅仅是一段记录了成长经历的回忆。

课时

1 课时

班会目标

1．引导学生追忆丰富多彩的学习生活，感受母校的温暖。
2．促进同学之间、师生之间的情谊，化解心中的矛盾和心结。
3．让学生反思在校期间的得与失。
4．帮助学生克服毕业时的焦虑感、失落感等不良情绪。
5．激励学生以积极的心态笑对人生，面对毕业，走出自己的精彩人生路。

班会形式

歌曲表演、讨论、作品展示、多媒体展示等形式。

班会背景

母校是一支永远的乐曲，母校是一处温馨的港湾，母校承载了学生太多的欢笑和泪水。在离歌奏响之际，学生的心中既充满了对未来的憧憬和喜悦，又掺杂着对母校、对老师、对同学的不舍之情，以及对工作、对生活的迷惘。离开校园，步入社会，同学们应该平复焦虑、失落和烦躁不安的复杂情绪，以平和的心态面对毕业，面对工作。

班会要点

1．观看校园宣传片，谈观后感。
2．PPT 课件展示两年在校期间各种活动的照片，同学真情倾诉。
3．展示两年来的学生作品。
4．感谢师恩。
5．班主任寄语，合唱歌曲《我的未来不是梦》。

班会准备

1．主持人主持词。
2．准备背景音乐：《虫儿飞》《睡在我上铺的兄弟》《长大后我就成了你》《祝你一路顺风》、T 台背景音乐。
3．学院宣传片及班级活动的照片、视频资料准备。
4．学生作品收集及提前教室布展。
5．邀请所有任课教师参加，并准备鲜花或其他礼物。
6．歌曲《友谊地久天长》《我的未来不是梦》练习。
7．纸签和密封容器。

班会过程

时　间		地　点	
主 持 人		班　级	

【阶段一】梦开始的地方（背景音乐《虫儿飞》）

主持人 1：两年前，我们拎着简单的行李来到了这里，从此开始了这一段学习生涯。

主持人 2：两年里，我们把这里当成了自己的家。温暖和谐，欢歌笑语伴随着我们一路前行。

主持人 1：教室、宿舍、运动场……校园的每个角落都留下了我们的身影，也洒下了我们辛勤的汗水。

主持人 2：两年后的今天，我们将重新拎起行囊，即将开启下一站的旅程。

主持人 1：此时此刻，我们的心里有着百般的不舍。

主持人 2：舍不得我敬爱的老师们！

主持人 1：舍不得我亲爱的同学们！

主持人 2：舍不得校园里的一草一木！

主持人 1：舍不得我生活了两年的美丽校园！

主持人 2：然而，纵有再多的不舍，我们也要展翅高飞，去为梦想而拼搏。

主持人 1：在这即将离别的时刻，就让我们深深地记住我们的母校，深深地记住梦想开始的地方。

（学生观看学校宣传片。谈观后感，可从引以为豪的学校现状、感谢母校以及学校发生的变化等方面谈）

主持人 1：是啊，我以学校为荣，学校将来也会以我为荣。

主持人 2：两年里，我们在成长，我们的学校也发生了很大的变化，眼前的一切，让我们感慨万千。

主持人 1：有人说，母校像一棵参天大树，庇护着一棵棵幼苗。

主持人 2：有人说，母校像一艘乘风快船，带领我们遨游在知识的海洋。

主持人（合）：母校是我们人生的摇篮，铸就了我们执着的追求，锻造了我们坚定的信念，也浇灌出了我们友谊的花朵。

【阶段二】一起走过的日子

主持人 2：友谊长存是一种许诺，是用真情织成的一个真诚的表白。两年的时光，虽然只是短暂的一瞬，但一定是生命里最美丽的花朵。

主持人 1：马上就要毕业了，大家都将为自己的前程而奔波，在繁忙之余，请别忘了和同学、老师保持联络，哪怕只是一个电话、一句问候。

主持人 2：是啊，母校是我们生活的乐园、成长的摇篮，让我们来一起看看这里记载的我们成长的足迹，一起来回忆一下我们共同走过的日子。

1. 课件演示班级两年来的校园生活照（如元旦联欢会、运动会、郊游、各种活动等）

主持人 1：虽然时间可以冲淡一切，但是这一张张老照片，却勾起了我们许多的回忆。两年来我们朝夕相处，在共同的学习生活中结下了深厚的友谊，我们亲如兄弟，情同姐妹，在这即将离别之际，相信大家一定有万语千言要表达，要倾诉。

2. 同学真情倾诉

祝福、致歉、感谢、希望等（背景音乐《睡在我上铺的兄弟》）

主持人1：言为心声，我相信通过刚才的真情倾诉，曾经的一切不愉快都已化解，我们的友谊也更加深厚了。

主持人2：是啊，为什么同学情会让人难以割舍，一生牵挂？就是因为这份情像玉壶冰心，让人心生温馨。虽然偶尔吵吵闹闹，虽然曾是竞争对手，暗中较劲，但面对毕业分别，我们好像在一夜之间长大了。

主持人1：惜别了，纯洁的同学情！为了我们纯真的友谊，为了我们的友谊长存，让我们共同歌唱《友谊地久天长》。

【阶段三】我们的收获（课堂优秀作品、技能比赛作品展示）

主持人1：在母校的两年里，除了这份浓浓的同学情，我们还收获了累累的硕果，这是我们辛勤努力的结晶。下面请同学们把自己最得意的作品展示给大家。

（学习成果展示，播放T台背景音乐）

展示作品有书法作品、美术作品、手工作品、职业生涯设计、摄影作品等（考虑到时间问题，可事先将同学们的作品布置在作品展示专区）。

【阶段四】师恩难忘

主持人2：同学们，我们今天能有这样丰硕的成果，除了我们自己的刻苦与努力，更应该感谢的是谁啊？

（学生齐答：老师！）

主持人1：是啊，老师是勤勤恳恳的园丁，是默默无闻的春蚕。如果没有老师的辛勤耕耘，没有老师对我们的热情关心，又哪有我们今天的成绩？

主持人2：没有恩师的含辛茹苦，呕心沥血，我们的成长就会多一些曲折，多一些弯路。就要告别母校，告别恩师了，心中总有无限的感慨。让我们对老师们说一声：谢谢您，敬爱的老师！

主持人1：老师对我们的爱实在是太深沉了，此时此刻，就让我们一起为老师深深地鞠上一躬来表达对他们的感激之情吧！

（全体起立，向所有老师鞠躬、献花，播放背景音乐《长大后我就成了你》）

【阶段五】班主任点评

主持人1：师恩难忘，难忘老师们耐心细致地把知识传授给我们，难忘班主任苦口婆心的谆谆教诲，在这临别之际，让我们再听一听班主任老师对我们的殷切期盼吧。

班主任：今天，对于同学们来说，是一个特别的日子，因为你们即将离开学校的生活，踏上新的人生征途。这两年里，大家完成了生命中的一次重要的蜕变，你们从幼稚走向了成熟，从一张白纸变成了一幅五彩缤纷的画卷。我相信这两年的收获，将会使你们受益终生。此刻你们即将化茧成蝶，飞向更高更远的天空。作为你们的班主任，在这离别的时刻，我想说，也许将来你们的人生旅途不会一直平坦，但是我要告诉你们，不管未来的人生旅途布满了荆棘，还是鲜花，都要微笑着一路走好！我想说：感谢你们，感谢你们和我度过了这两年的时光，让我变得更成熟、更有经验，感谢你们也给我带来了无限的快乐。

同学们，希望你们毕业后常回家看看，因为这里有你留下的足迹，这里有你心中想念的人，这里有期待着与你继续交流的许多颗心……请记住，母校永远是你们的家，你们永远是母校的孩子！

【主题拓展与升华】朋友别哭（背景音乐《祝你一路顺风》）

主持人1：有人说：青春是船，梦想是帆，搭乘青春之船，扬起梦想之帆，才能驶向现实的彼岸。

主持人2：也有人说：梦想是路，青春是灯，踏上梦想之路，点起青春之灯，才能迈向光明的康庄大道。

主持人1：此刻，青春的我们真的要毕业了。我们将承载着梦想一路前行。

主持人2：是啊，我们就要离开生活了两年的母校了。我们会沿着这条再熟悉不过的路线，走出公寓的大门，走出学校的大门。而这一次，我会很郑重地，对这个留下我两年青春的地方，说一声：再见！

主持人1：再见了，我的宿舍；再见了，我的朋友；再见了，我的母校。

主持人2：两年的生活转瞬即逝，但岁月如歌，这首洋溢着我们青春的曲目将永远为我们伴奏。

主持人（合）：是鸿鹄就当志存高远，是雄鹰就要展翅蓝天。这里是终点，也将是新的起点。我相信，我的未来不是梦，我们的未来不是梦！

【班会结束】全班合唱《我的未来不是梦》

（会后每人写下一张纸签，写上心中的愿望和祝福，汇聚到一起，密封保存）

【班会辅助资料】

1．《友谊地久天长》歌词。

怎能忘记旧日朋友
心中能不欢笑
旧日朋友岂能相忘
友谊地久天长
友谊万岁万岁朋友友谊万岁
举杯痛饮同声歌颂
友谊地久天长
我们曾经终日游荡
在故乡的青山上
我们也曾历尽苦辛
到处奔波流浪
友谊万岁万岁朋友友谊万岁
举杯痛饮同声歌颂
友谊地久天长
我们也曾终日逍遥
荡桨在微波上
但如今已经劳燕分飞
远隔大海重洋
友谊万岁万岁朋友友谊万岁
举杯痛饮同声歌颂
友谊地久天长
我们往日情意相投
让我们紧握手
让我们来举杯畅饮
友谊地久天长
友谊万岁万岁朋友友谊万岁
举杯痛饮同声歌颂
友谊地久天长
友谊万岁万岁朋友友谊万岁
举杯痛饮同声歌颂
友谊地久天长
……

2．学院宣传片。

感悟、心得、体会